I0815301

CÓMO LEER
TU CARTA ASTRAL

CÓMO LEER TU CARTA ASTRAL

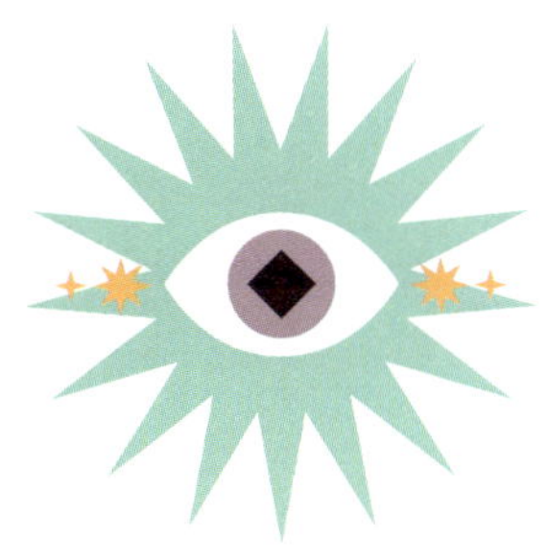

astroSomething

Papel certificado por el Forest Stewardship Council®

Primera edición: enero de 2025

Printed in Spain – Impreso en España

ISBN: 978-84-666-7940-4
Depósito legal: B-19.182-2024

Compuesto en M. I. Maquetación, S. L.

Impreso en Gráficas 94 de Hermanos Molina, s.l.
Sant Quirze del Vallès (Barcelona)

BS 7 9 4 0 4

ÍNDICE

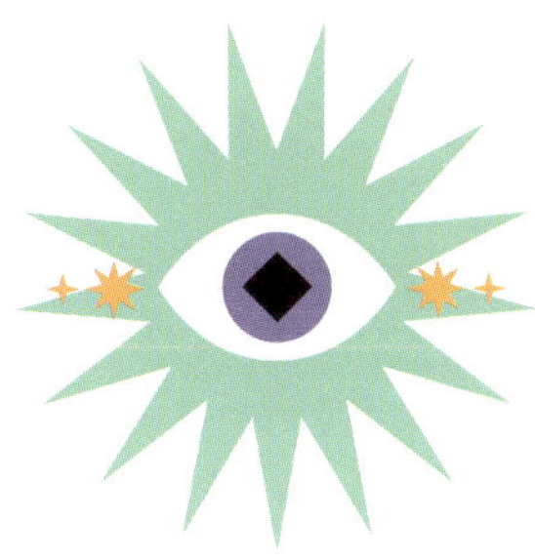

INTRODUCCIÓN

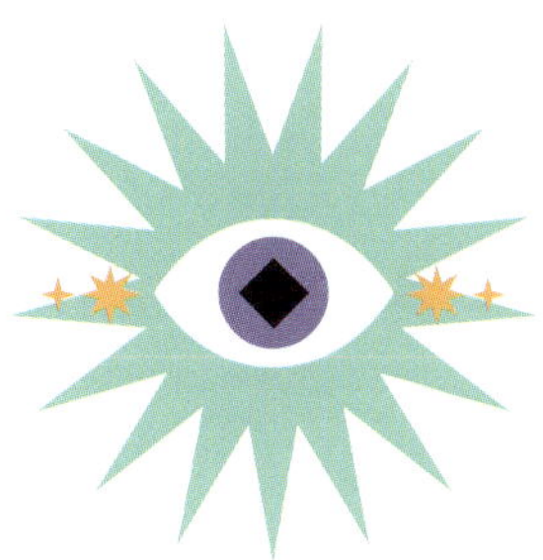

Mi obsesión con entender las diferencias entre mis amigas, mi hermana y yo, y categorizar esas diferencias, empezó cuando yo tenía nueve años. ¿Quién de nosotras era Cactus o Pétalo de *Las Supernenas*? ¿Qué personaje era yo y cuál mi mejor amiga en el universo de *Las tres mellizas*? Este era el tipo de clasificaciones que necesitaba hacer para entender el mundo y la gente a mi alrededor, así que empecé a crear unos test de personalidad en mis cuadernos del colegio para desentrañar estos grandes misterios. Esto de los test es una anécdota de muchas que ilustra perfectamente que si algo me define es esta pasión por conocer y clasificar a las personas y que, cuando me da por una cosa, no paro. Digamos que soy un poco obsesiva.

Así que, como es obvio, esto no acabó ahí. De adolescente fui una apasionada de los test de la *Súper Pop*. Creo que mis amigas del momento pasaron por todos y cada uno de ellos. Cuando llegaron los de Facebook, obligaba a averiguar qué princesa Disney era cualquier persona conocida. Y según fui creciendo exploré otros enfoques más «profesionales», adentrándome en el maravilloso mundo del indicador Myers-Briggs (MBTI, por sus siglas en inglés) como una buena ENFP intensa, y también con el eneagrama (soy tipo 4, qué le voy a hacer). El caso es que una cosa llevó a la otra y acabé estudiando marketing, donde hacemos mucho esto de «segmentar» a la gente por características básicas y crear arquetipos o grupos de personas con base en su comportamiento para hacer nuestras campañas. En estos últimos años, he seguido explorando el tema de las clasificaciones de personalidad y comportamiento humano desde un ángulo más espiritual: empecé por el yoga y seguí con la meditación para terminar con lo que ha acabado siendo mi pasión: la astrología.

Para mí, la astrología es una herramienta o un lenguaje común que puede ayudarnos a entender cómo somos, cómo nos relacionamos con los demás, en qué somos fuertes, en qué podemos mejorar, qué nos gusta, qué no… Y hay que admitir que también se puede usar para divertirse y criticar a ese exnovio aries con Luna en Capri muy pesado y sin alma.

Quiero aclarar antes de empezar que cuando hablo de este tema, no solo me refiero a los signos zodiacales (que enseguida veremos que simplemente es tu sol), sino que me enfoco en un área concreta: la carta astral o carta natal. Me gustaría compartir contigo todo lo que he aprendido por el camino de una manera sencilla, desgranando cada paso, para que cuando acabes este libro puedas interpretar este gráfico extraño con tantos símbolos que es tu carta astral. Lo más importante es entender que esto no tiene nada que ver con los horóscopos semanales a los que todos echamos un vistazo en el dentista. La carta astral no va de hacer predicciones mágicas ni de resolver tus problemas de un plumazo, pero sí puede ser de utilidad para entenderte mejor a ti o a las personas que te rodean, pues contiene pistas muy valiosas y poderosas.

Por eso me decidí a escribir este libro, porque después de leer muchísimo sobre el tema y hacer diferentes cursos, me encontré con que la mayoría eran densos, difíciles de entender, no estaban en español e incluso algunos eran poco atractivos. El resultado de horas y horas de aprendizaje fueron unos apuntes que les pasé a mis amigas cercanas y que les servían más que los libros que les recomendaba sobre el tema, ¡no paraban de pedírmelos! A mí me daba un poco de vergüenza al principio, pero sin esos apuntes —que fueron la semilla de todo en realidad— nunca habría existido el libro que tienes entre tus manos.

Mi objetivo con este libro es acompañarte a explorar cada rincón de tu carta astral sin volvernos locas, de manera superfácil, solo siguiendo diez pasos, que es el método que a mí más me funciona. Como verás a lo largo del libro la astrología es bastante compleja y es con la práctica e integrando todo lo aprendido que una gana más conocimiento, pero justamente mi objetivo es hacerte el estudio e interpretación de la carta natal más accesible, aunque sea simplificando un poco.

Antes de centrarnos en los diez pasos, haremos algunas paraditas previas para ponerte en contexto, por si acaso no estás familiarizada. Quiero compartirte un poco de la historia de la astrología y sus ramas... Después nos meteremos de lleno a ver qué es esto de tu carta y cuáles son sus partes. Y a partir de aquí nos remangamos en serio, y nos ponemos manos a la obra. Te recomiendo que primero vayas al Anexo 2, que encontrarás al final del libro, y que escribas ahí todos los datos de tu carta para poder ir interpretando según aprendas los diez pasos. Para hacértelo más fácil, recorta las cartas del final del libro para que puedas revisar qué significa cada uno de los elementos clave rápidamente, además luego te las puedes meter en el bolso y llevarlas adonde quieras.

Antes de hacer la carta a otra persona (o a ti misma), el primer paso será siempre hacer una lectura de energías usando los modos y elementos. Esto te permitirá realizar una lectura ágil de cómo «vibran» las cartas astrales de manera superrápida. Con la lectura de los tres siguientes capítulos serás capaz de captar posibles temáticas clave de tu carta y la de los demás con un segundo vistazo rápido a la dispersión de los planetas, mirando cuadrantes, hemisferios y patrones. Y cuando empieces a meterte en el *big 3*, planetas personales y casas en los capítulos noveno, décimo y undécimo, quizá la gente empiece a replantearse si tu signo ascendente es Géminis (por lo lista que eres), ya que vas a poder profundizar muchísimo en la carta. Y para ya ponerle el lazo a la lectura, para integrar todo y revisar las interpretaciones tenemos los dos pasos finales sobre aspectos y grados. Como última parada, fuera ya de estos pasos, pero muy relacionado con ellos, me gustaría enseñarte algo menos conocido, pero que a mí me gusta mucho usar para reflexionar cada año: la revolución solar. Esta actualiza tu carta natal cada año a partir de tu cumpleaños. Sí, querida, sí, «cambiamos» de signo ascendente cada año. Y por eso me ha parecido superimportante incluir también este apartado.

Así pues ¿estás lista para conocerte a fondo? ¡Pues manos a la obra!

1

HISTORIA DE LA ASTROLOGÍA: DE BABILONIA A TIKTOK

En este capítulo quiero contarte la historia de la astrología más allá de lo que ves hoy en día en TikTok, y te aseguro que te va a sorprender. Primero daremos un paseo por diferentes épocas, desde la prehistoria hasta la actualidad, haciendo una parada especial en la Edad Antigua con las culturas babilónica, griega y egipcia. Después iremos a la Edad Media, que nos trajo a los astrólogos más famosos, como Galileo Galilei o Kepler —¡sí! Ellos eran astrólogos de profesión—, o a filósofos como Tomás de Aquino, que te sonará de haberlo estudiado en los últimos años de instituto, y que aparte de ser cristiano también era fan de la astrología. Haremos un parón porque pasó de moda durante unos siglos, ya verás por qué, y acabaremos con una astrología más actualizada en el siglo XX o la Era de Acuario, que seguro que de algo te suena. Te dejo aquí una línea del tiempo con los eventos clave, por si te pierdes.

LA ASTROLOGÍA EN EL MUNDO OCCIDENTAL

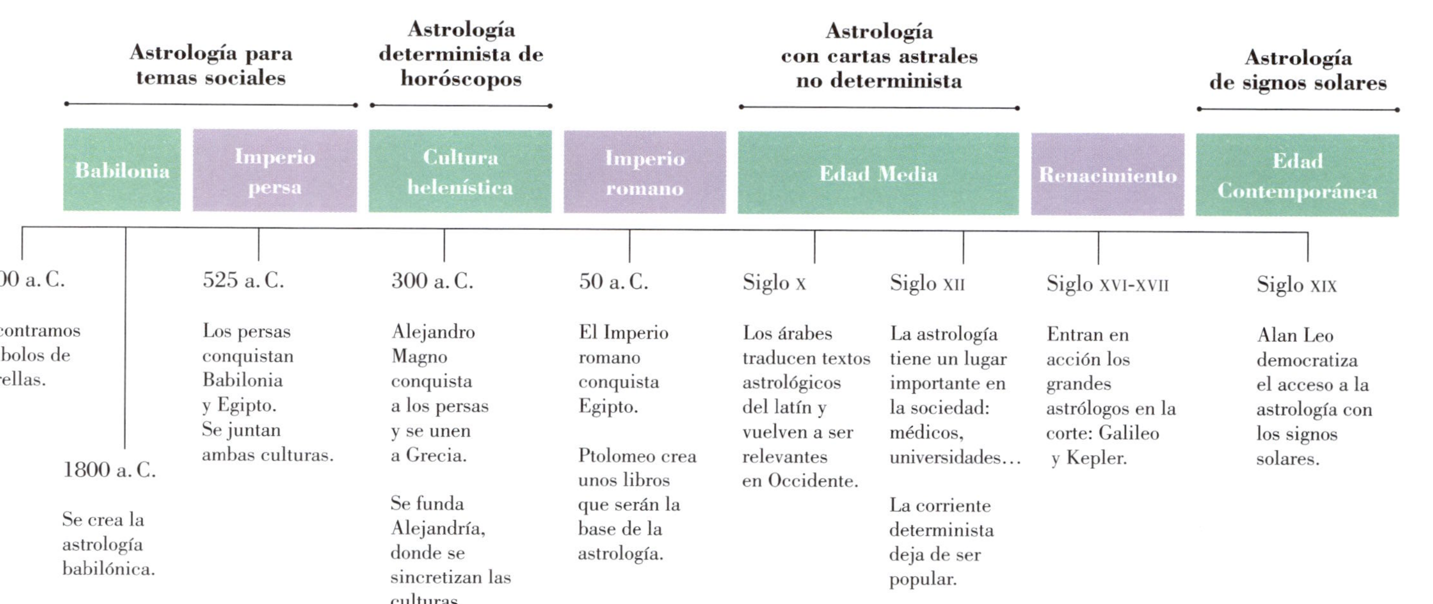

Te advierto de que me voy a centrar en Occidente, sin embargo, hay otras tradiciones en Oriente con bastantes cosas en común, pero también con diferencias relevantes. Por ejemplo, el horóscopo chino, que te sonará seguro, que no usa los mismos signos, sino animales y que depende de tu año de nacimiento, no del mes. Otro ejemplo es la carta astral védica, que está cada vez más de moda, y que tiene muchos elementos en común con la occidental, pero, por ejemplo, tu signo ascendente y tu Luna seguramente sean diferentes.

Desde nuestros orígenes, los humanos hemos mirado a las estrellas en busca de respuestas. Y es que esto tenía muchísimo sentido, porque el cielo nos daba muy buena información. Piénsalo, las constelaciones nos ayudaban a saber la hora, a orientarnos, a predecir la llegada de las estaciones, las crecidas de los ríos, cuándo era el momento adecuado de plantar la cosecha y recogerla…

Pero conseguir toda esta información no era fácil. Durante miles de años, los sabios de la época recopilaban información sobre el cielo. Se identificaron las constelaciones poco a poco, anotaban sus movimientos, y analizaban las cosas que les pasaban a los pueblos y la sincronicidad con los movimientos estelares. De hecho, podemos ver que en Mesopotamia hacia el **3000 a. C.** ya usaban marcas de estrellas en sus tablillas de arcilla, casi como las que hacemos hoy nosotros. Te dejo aquí algunos ejemplos, ¡es que es muy fuerte que hace cinco mil años dibujáramos igual las estrellas!

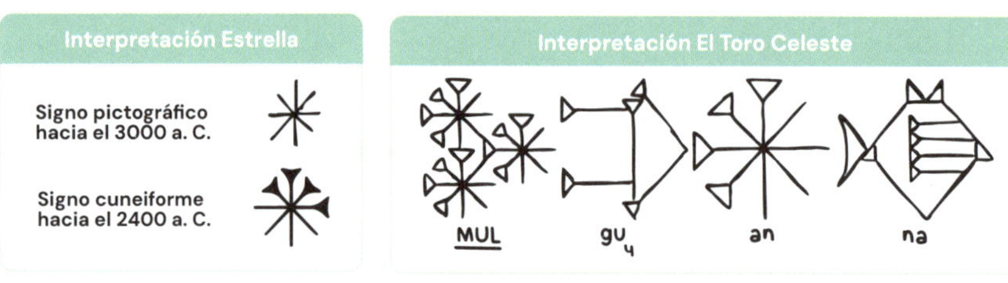

Puede que haya habido otras tradiciones antes, pero el punto de partida lo fijaremos en Babilonia entre el **1800 y el 1200 a. C.**, ya que es la primera de la que tenemos conocimiento. Babilonia estaba en Mesopotamia, cerca de lo que hoy conocemos como Irak. Aquí se crea el primer sistema de astrología, que se centraba en predecir temas prácticos, como hemos comentado antes (orientarse, saber la hora, cuándo sembrar…), pero también empezaron a desarrollar la astrología más allá. Por ejemplo, nombraron dieciocho constelaciones principales, y luego las redujeron a doce para hacerlo coincidir con los doce ciclos lunares que conformaban el año, formando así la eclíptica que veremos a lo largo del libro con 360 grados y doce grupos de 30 grados que empiezan con Aries y acaban por Piscis (tranqui, que luego te explico bien).

La zona donde vivían los babilonios fue conquistada por los persas, que también conquistaron Egipto, alrededor del **525 a. C.**, lo que hizo que estas culturas se mezclaran. Los egipcios también tenían una manera definida de ver la astrología, la usaban para temas agrícolas, en especial para predecir las inundaciones del río Nilo. Aun así, su manera de entenderla difería en varios sentidos con respecto a los babilonios. Por ejemplo, los egipcios dividían la eclíptica en treinta y seis partes, en vez de en doce, es decir, cada signo del Zodiaco lo dividían a su vez en tres partes, decanatos.

Después, Alejandro Magno derrotó en el **332 a. C.** al Imperio persa y unió las culturas egipcia, babilónica y griega, formando lo que hoy conocemos como la **cultura helenística.** Esto es importante porque durante esta época, en lo que hoy llamamos Egipto, se fundó Alejandría, con la biblioteca más importante del mundo en el momento, donde se generaba, compartía y se guarda el conocimiento de los sabios de diferentes partes del mundo, y entre ese conocimiento estaba claramente la astrología.

Gracias a esa biblioteca, que era punto de encuentro de diferentes culturas, se aglutinaron los conocimientos sobre el cosmos de los griegos, los egipcios y los babilonios, y encontramos lo que conocemos como la **astrología helenística**, que se centra más en la lectura individual de las cartas astrales (horóscopos) y en las implicaciones que tiene para la persona. Esta corriente astrológica incluye los doce signos del Zodiaco babilónicos, con las treinta y seis divisiones egipcias de 10 grados (decanatos), con énfasis en el signo ascendente y en la organización en consecuencia de las casas, los planetas y los dioses griegos asociados a sus respectivos dominios (Afrodita, la diosa del amor, representa al planeta Venus, su nombre en latín), los grupos de cuatro de los griegos (los cuatro elementos). De hecho, en esta época fue cuando Ptolomeo escribió sus cuatro libros sobre astrología conocidos como *Tetrabiblos*, que serán la base de los estudios astrológicos durante muchos años.

Astrocuriosidad: La cartografía es una consecuencia del trabajo astrológico de Ptolomeo, un famoso astrólogo (ahora se le llama astrónomo) y matemático egipcio que creó su famosa obra *Geografía*, con mapas y listados de la latitud y la longitud de las principales ciudades de su época, justamente como referencia para realizar cartas natales.

Aparte de lo que hemos comentado antes, es curioso cómo hay varios signos del Zodiaco que cada cultura representa de manera diferente. Por ejemplo, podemos ver que…

- Los egipcios representaban ciertos signos de manera femenina, como Leo y Géminis, que en las otras culturas eran o neutros o masculinos.
- También los egipcios veían a Cáncer como un escarabajo y no como un cangrejo, y a Capricornio como un cocodrilo y no como una cabra marina, seguramente porque serían más comunes en su zona. Y Libra no era una balanza, sino una pluma, ya que ese era el símbolo de la justicia relacionado con su mitología: la pluma de la verdad que se usaba en el juicio final.
- No había mucho acuerdo en cómo representar a Sagitario, y aunque la interpretación griega del centauro es la que ha llegado a nuestros tiempos, los babilonios lo veían como un vigilante y los egipcios como un babuino.
- Con Virgo también ha habido diferentes puntos de vista, los babilonios lo relacionaban con las cosechas, por cómo veían también la astrología, mientras que los egipcios lo asociaban con la fertilidad.

Pero la astrología no ha estado siempre de moda, podríamos decir que sufre un bajón en la **época romana** porque de hecho la prohíben, aunque parece ser que, aun así, bastante gente la seguía practicando en privado.

Sin embargo, esto es una montaña rusa, y en la **Edad Media** la astrología recuperó todo su esplendor. En Occidente entramos en contacto con la cultura árabe. En esta cultura estudiaron mucho a Ptolomeo y gracias a estos escritos en Occidente pudimos recuperar lo perdido durante años traduciendo del árabe al latín. De hecho, tal es su importancia, que recobró la astrología en la sociedad, que se comenzó a enseñar en las universidades, y los médicos pasaron a estar obligados por ley a consultar las posiciones de la Luna y otros astros antes de decidir operar a un paciente.

La astrología no volvió tal cual la conocíamos antes. Los filósofos y los teólogos de la época no podían aceptar la astrología que existía hasta ese momento, la cual se supone que predecía tu destino. Estos eruditos defendían la libertad de las personas a elegir su destino. Por ello, ellos sostenían que la astrología hablaba de un potencial, pero que dependía de ti desarrollarlo. Por ejemplo, santo Tomás de Aquino, un filósofo cristiano, afirmaba la importancia de los astros en el mundo físico, sin embargo, sí que argumentó que era la voluntad humana al final la que decidía o no sobreponerse a estas inclinaciones que nos deparaban los astros. Esto es muy importante, ya que marcó un antes y un después en cómo se usaba la astrología, que ya no será determinista; esto es, no negará que los astros podrían determinar los instintos o el potencial de una persona, pero defenderá que cada uno tenemos el poder de decidir. La astrología ya no se usaba tanto para entender cuándo sembrar, sino que recogía los estudios de las cartas astrales, interpretándolas en esa línea, como el potencial de una persona y no su destino.

De hecho, **unos trescientos años más tarde**, Galileo Galilei fue denunciado a la Inquisición veneciana por practicar esta astrología determinista, aunque los cargos fueron retirados al quedar demostrado que no era el caso.

Sí, has leído bien, Galileo fue denunciado por astrólogo. Resulta que a la mayoría de los astrónomos de los siglos XVII y XVIII, como Johannes Kepler o Galileo Galilei, en su época se los consideraba astrólogos. Ellos se ganaban la vida haciendo estudios astrológicos como cartas astrales a la nobleza de la época. De Kepler de hecho se conservan cientos de cartas natales que hizo y algunas predicciones sobre revueltas campesinas o invasiones que lo hicieron muy famoso en su época. De Galileo se conservan también unas cincuenta páginas de cálculos y cartas natales, entre ellas las de sus propias hijas.

Curiosamente son los estudios que hacen en su tiempo libre estos astrólogos, junto con la corriente racionalista de **la Edad Moderna,** lo que hace que baje la popularidad de la astrología y cualquier otra práctica mística. Este *hobby* que tenían los astrólogos de esta época era seguir estudiando el cielo, y gracias a estos estudios llegaron a la conclusión de que la Tierra no era el centro del sistema solar, sino el Sol, lo cual podría llevar a tener que modificar cómo se leen las cartas astrales actualmente. Sin embargo, para tu tranquilidad, la Tierra se sigue tomando como centro principal porque es nuestro punto de vista, por lo que se consideró que no hacía falta modificación alguna. Y como hemos comentado, la introspección y el misticismo quedaron relegados en esta época. Tanto que la astrología se olvidó de nuevo durante casi dos siglos, de hecho, se prohibió en muchos sitios, como en Inglaterra, donde no se podría cobrar por servicios de predicción del futuro.

Después de este *impasse* llegamos a **finales del siglo XIX e inicios del XX**, cuando se asentó la Revolución Industrial, con los procesos estandarizados y las cadenas de montaje.

A **finales de 1800**, en Inglaterra, Alan Leo volvió a poner de moda la astrología, más en su vertiente de autoconocimiento, haciéndola accesible a todo el mundo. En esta época, si querías leer tu carta astral, tenías que contratar a una astróloga para calcularla e interpretarla, era imposible ponerte tú misma, vamos. De hecho, a Alan Leo lo abrumó esta complejidad y popularizó mucho el signo solar como una aproximación, ya que es lo más fácil de calcular porque depende del día de nacimiento, y concluyó que el significado de los signos, los planetas y las casas es esencialmente el mismo, de hecho, ya veremos cómo cada planeta, signo y casa guarda relación con otro.

Unos años más tarde ocurrieron las guerras mundiales, con escalas de destrucción nunca vistas que hicieron que la gente perdiera aún más fe en lo racional. Charles Chaplin dio voz a esta desilusión en el discurso final de su película *El gran dictador*: «Hemos progresado muy deprisa, pero nos hemos encarcelado a nosotros. El maquinismo, que crea abundancia, nos deja en la necesidad. Nuestro conocimiento nos ha hecho cínicos. Nuestra inteligencia, duros y secos. Pensamos demasiado y sentimos muy poco».

A partir de ahí, empezó la conocida **Era de Acuario** (la nuestra también la llamamos así, pero aquí nos referimos a la de los años sesenta, con este nombre porque había un *stellium* en Acuario de los seis primeros planetas y el Sol y la Luna), cuando vemos un gran cambio con el movimiento hippy, el *new age*, los Beatles, la introspección..., y cuando la astrología volvió a tener cabida con ese enfoque de Alan Leo.

Hoy en día, la astrología ha aumentado su popularidad en nuestra cultura, desde el punto de vista del autoconocimiento, y es que lo tenemos mucho más fácil gracias a internet. Por un lado, no necesitas a nadie para calcular tu propia carta, solo tienes que meterte en internet para poder crear tu gráfico, el problema que nos encontramos es interpretarlo, claro, porque sigue siendo complejo. Por otro lado, hay muchos más recursos para aprender y hablar del tema gracias a las redes sociales, que le han dado mucha visibilidad, y al aumento de literatura sobre ello. De hecho, en nuestra época se ha evolucionado en la propia conversación básica de la astrología y ya no se habla solo del signo solar, sino que el término *big 3* que habla del Sol, la Luna y el Ascendente, se ha convertido en lo mínimo.

Espero que este capítulo te haya ayudado a entender un poco mejor estos estudios astrológicos que se originaron hace miles de años para guiarnos en nuestra vida con las cosechas, la hora, la localización..., convirtiéndose en un lenguaje común para hablar de ciertas cosas, quién no sabe a qué nos referimos cuando decimos que alguien es muy aries, ¿verdad? Incluso la utilizamos como herramienta de autoconocimiento, lo que la ha hecho mantenerse relevante a pesar de sus años. De hecho, el renombrado psicólogo Carl Jung, discípulo de Freud, decía que «la astrología resume todo el conocimiento de la psicología antigua». Y es que al final es eso, desde los orígenes, los humanos buscamos respuesta en el cielo y la pregunta siempre resultó ser sobre nosotros mismos.

2

ASTROLOGÍA MODERNA: ANATOMÍA DE UNA CARTA ASTRAL

Como hemos comentado, nos vamos a centrar en la astrología occidental, que es la más conocida en Europa y en Latinoamérica. Hay otras como la astrología china o la austral, pero en este libro nos enfocaremos en esta, que es la que nos toca más de cerca y la que todos asumimos en el imaginario colectivo cuando hablamos de «astrología». Esta rama toma la Tierra como punto de referencia, al ser donde está la persona, y se centra en entender la posición de los planetas y asteroides sobre los doce signos del Zodiaco que se desplazan a su vez sobre las doce casas zodiacales.

Dentro de esta rama hay dos corrientes predominantes: la tradicional, que busca entender el destino de las personas, y la humanística o psicológica, que ve la astrología como una herramienta de autoconocimiento. A diferencia de la otra rama, la psicológica no se centra en predecir el futuro, sino en entender a la persona a todos los niveles: físico, mental y emocional.

A su vez, hay diferentes estudios astrológicos, pero para este viaje de autoconocimiento vamos a analizar los **estudios de carta natal o astral**, que están presentes en todas las tradiciones y los tipos de astrología. Se enfocan en interpretar un mapa del cielo en el momento del nacimiento de una persona y nos hablan del potencial que tiene, sus características… Fundamentalmente, una carta astral es un mapa de las posiciones del Sol, la Luna, los planetas y los asteroides en la eclíptica, cogiendo como punto base el lugar de nacimiento de la persona en la Tierra y un momento específico: la fecha del nacimiento. Es una representación del sistema solar en ese momento y lugar determinados.

Esta «foto» representa simbólicamente la forma en que es más posible que se expresen los impulsos y las tendencias de una persona. Es todo su potencial, la semilla de lo que podría llegar a ser en un estado plenamente evolucionado. Al mismo tiempo, nos ofrece indicaciones para el autoconocimiento, ya que también nos presenta las áreas que puede que nos cueste más desarrollar, por lo que coloquialmente podríamos catalogarla también como una especie de guía. Pero tengamos en cuenta que es solo eso, un mapa, y que queda en manos de cada una cómo emprende su propio camino.

Es importante tener en cuenta también que la carta astral es la suma de todos los elementos que vamos a ver a continuación y que debe interpretarse en conjunto, no debemos quedarnos solo en entender nuestro signo solar, sino sumar esa información con su luna, su ascendente, los aspectos, los grados… Por ejemplo, si solo vemos que una persona tiene Sol y Luna en Tauro, podemos pensar que es supertranquila, que disfruta de la seguridad en las relaciones, le gusta disfrutar de los placeres sencillos, es algo testaruda. Pero si consideramos que esta persona tiene el Sol en los primeros grados de Tauro, es decir, ha nacido alrededor del 20-25 de abril, apreciamos que tendrá también mucha influencia ariana y será un Tauro mucho más líder, más inquieto, con más carácter. ¿Ves lo que te digo? Pues esa es la idea, que con este libro puedas entender lo básico e ir más allá de decir «eres tauro».

Antes de empezar, necesito que tengas tu carta astral en la mano. Así que por si aún no la has sacado te cuento cómo puedes hacerlo en cinco minutos:

1.º Consigue tu fecha, hora y minutos exactos y lugar de nacimiento. Si no sabes tu hora de nacimiento puedes buscar tu partida de nacimiento y ahí la vas a encontrar.

2.º Busca en mi web <astrosomething.com>, <astro.com> o sitios web similares que calculen de forma automática (y nos ahorran horas de trabajo). Una vez que estés ahí selecciona la opción de carta natal y rellena los datos que hemos comentado en el primer punto.

Estas webs nos hacen la vida mucho más fácil y dan acceso a la carta natal a todo el mundo, porque ya no dependemos de profesionales para el cálculo de la carta, y evitamos errores humanos, ya que es un proceso sumamente complejo.

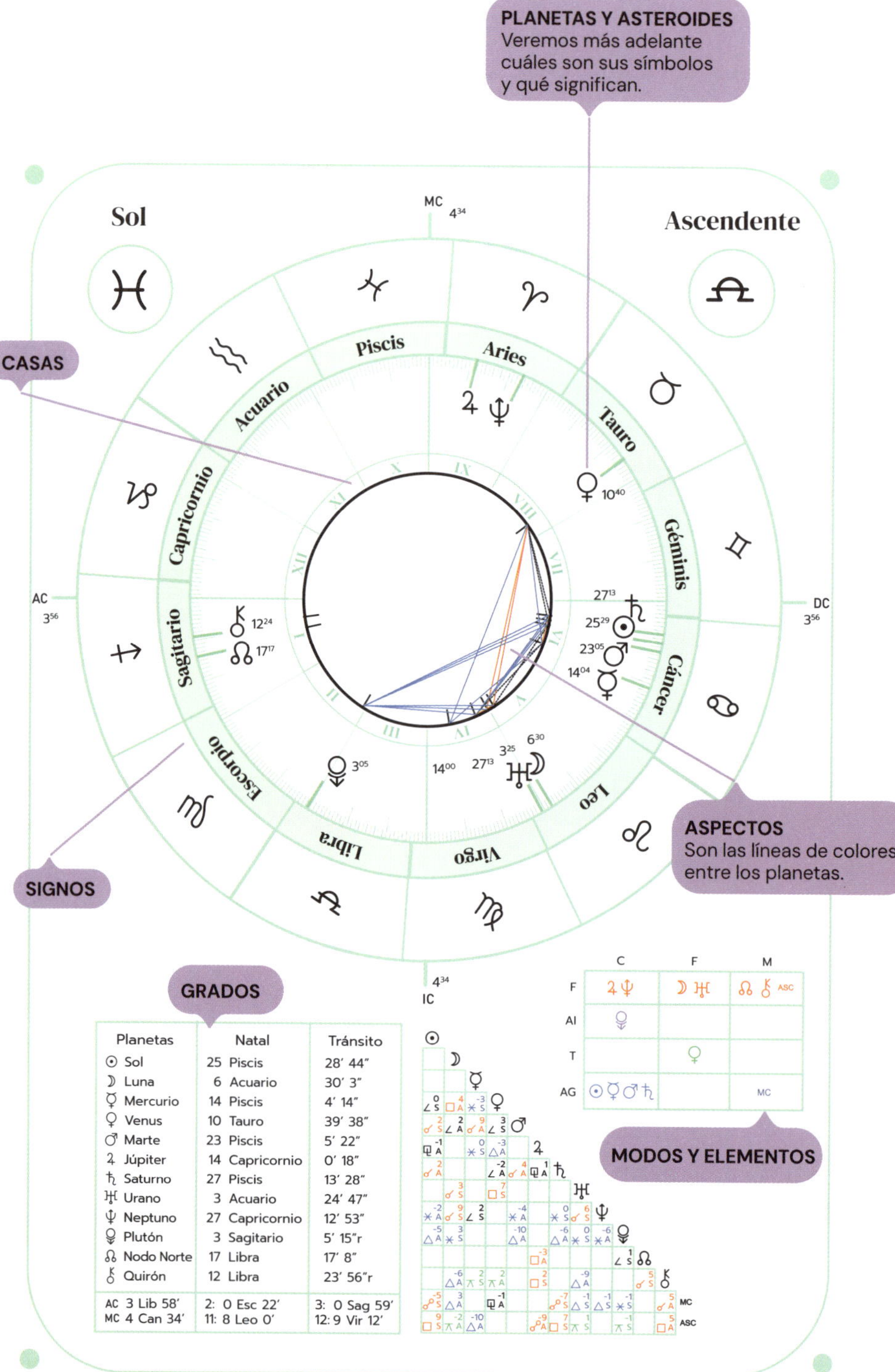

Planetas	Natal	Tránsito
☉ Sol	25 Piscis	28′ 44″
☽ Luna	6 Acuario	30′ 3″
☿ Mercurio	14 Piscis	4′ 14″
♀ Venus	10 Tauro	39′ 38″
♂ Marte	23 Piscis	5′ 22″
♃ Júpiter	14 Capricornio	0′ 18″
♄ Saturno	27 Piscis	13′ 28″
♅ Urano	3 Acuario	24′ 47″
♆ Neptuno	27 Capricornio	12′ 53″
♇ Plutón	3 Sagitario	5′ 15″r
☊ Nodo Norte	17 Libra	17′ 8″
⚷ Quirón	12 Libra	23′ 56″r
AC 3 Lib 58′ MC 4 Can 34′	2: 0 Esc 22′ 11: 8 Leo 0′	3: 0 Sag 59′ 12: 9 Vir 12′

Ya deberías tener ese círculo incomprensible que se conoce como tu carta astral, pero no te asustes, que voy a ayudarte a entender todos los elementos. Si quieres ir procesando poco a poco tu carta puedes irte al Anexo 2 y copiarla ahí para así luego rellenar la interpretación de cada una de las partes de la carta cuando las veamos en profundidad.

- **La tabla de modos y elementos:** Es una tabla que resume cuántos planetas y puntos críticos tenemos en cada modo y elemento. Incluyen los cuatro elementos: agua, tierra, aire y fuego. Y los tres modos: cardinal, fijo y mutable. Con esta tabla podemos entender las *vibes* de la carta, nos da buenas pistas de las características psicológicas y las posibles manifestaciones de esa persona.

- **Hemisferios y cuadrantes:** Son dos maneras de dividir la carta en cuatro partes. Nos ayuda revisarlo cuando estamos echando un primer vistazo rápido. Debemos ver en qué hemisferios o cuadrantes tiene la persona más planetas. Basándonos en eso podemos obtener información rápidamente de la persona, por ejemplo, si tiene muchos planetas en el primer cuadrante será una persona que tendrá que poner mucho foco en el área del autoconocimiento.

- **Signos del Zodiaco:** Son los doce sectores de 30 grados de la eclíptica desde el equinoccio vernal (punto Aries). Siempre se verán en el mismo orden en todas las cartas, empezando por Aries y acabando en Piscis. Los signos nos darán mucha información a la hora de leer la carta sobre cómo se manifiestan esas energías en la persona.

- **Listado de signos: Aries, Tauro, Géminis, Cáncer, Leo, Virgo, Libra, Escorpio, Sagitario, Capricornio, Acuario y Piscis.**

- **Planetas y asteroides:** Son los diez planetas considerados por la astrología (incluye Plutón y el Sol, que no lo son astronómicamente), junto con seis puntos críticos y tres asteroides. Se definen como los agentes que intervienen en el contexto, nos dan información de qué sucede o qué se manifiesta. Cada uno está relacionado con ciertas características energéticas y es importante entender no solo en qué signo o casa están, sino también sus aspectos. En cada carta estarán distribuidos de manera diferente.
  - **Listado de planetas: Sol, Luna, Mercurio, Venus, Marte, Júpiter, Saturno, Urano, Neptuno y Plutón.**
  - **Listado de asteroides: Punto de la Fortuna, Quirón y Lilith. Hay más que estos, pero nos centramos en estos tres, que son los principales.**
  - **Listado de puntos críticos: Ascendente, Medio Cielo, Descendente, Bajo Cielo, Nodo Norte y Nodo Sur.**

- **Casas:** Son doce en total y representan diferentes espacios de la vida. Se deben interpretar como el «dónde» sucede. Se presentan en el mismo orden en todas las cartas, pero en signos diferentes y, si usamos el sistema más común, cada una tendrá un tamaño diferente.
  - **Listado de casas: casa 1 (identidad), casa 2 (recursos), casa 3 (comunicación), casa 4 (hogar y familia), casa 5 (creatividad), casa 6 (salud y hábitos), casa 7 (asociaciones), casa 8 (transformación), casa 9 (pro-**

pósito), casa 10 (carrera), casa 11 (comunidad) y casa 12 (introspección y espiritualidad).

- **Aspectos:** Son las relaciones angulares, es decir, la distancia y posición entre dos planetas. Por ejemplo, la Luna puede estar justo a 180 grados del Sol, es decir, enfrente, y a eso lo llamaremos «aspecto de oposición». Estos influyen en la manera en la que los planetas funcionan juntos y dependiendo del tipo de aspecto varían o se acentúan más o menos las características del uno sobre el otro.

- **Grados:** Posición exacta de los planetas que revela detalles sutiles sobre nuestras posiciones dentro de la carta. Nos ayudará a hacer interpretaciones más avanzadas y a afinar aún más nuestra lectura.

Con esto ya estás lista para empezar el primer paso de este viaje de autoconocimiento. Como vas a ver, es un proceso complejo, la verdad, recuerda que Kepler, Galileo y Copérnico, los mayores astrónomos del Renacimiento, ganaban su dinerillo sacando las cartas astrales a reyes, nobles y mecenas, vamos, que no era para cualquiera. Pero ¡no te agobies! Ahora es diferente, tenemos un software que nos saca la carta en cinco segundos y estoy yo aquí para hacértelo fácil. Además, te iré enseñando ejemplos. Así que ten tu carta a mano y saca papel y boli que empezamos.

3

PASO 1: MODOS

Empezamos la lectura buscando patrones claros que nos puedan dar pinceladas de la personalidad del individuo. Para ello vamos a mirar la tabla de modos y elementos, que nos dará esa primera impresión que buscamos.

Los modos son las cualidades que se asignan a los diferentes signos del Zodiaco, y se interpretan como características psicológicas. Existen tres modos: cardinal (C), fijo (F) y mutable (M). Tener planetas en los diferentes signos del Zodiaco nos ayudará a entender los modos de la persona:

Cardinal	Fijo	Mutable
Aries	Tauro	Géminis
Cáncer	Leo	Virgo
Libra	Escorpio	Sagitario
Capricornio	Acuario	Piscis

Lo bueno de la tecnología es que no hace falta que lo revisemos nosotros porque siempre habrá una tablita al lado de tu carta donde se resuma el número de planetas por modo.

Cuando estamos analizando los modos lo que buscamos es ver si hay «puntos focales», es decir, un patrón que nos llame la atención. En este caso sería buscar si hay algún modo predominante y/o débil. Tener un **modo predominante** significa que una persona tiene en un modo más de seis planetas. En cambio, tener un **modo débil** quiere decir que la persona tiene en un modo menos de dos planetas. También hay casos en los que los modos están bastante equilibrados, por lo que este primer paso no nos daría tanta información de la persona y saltaremos al segundo paso.

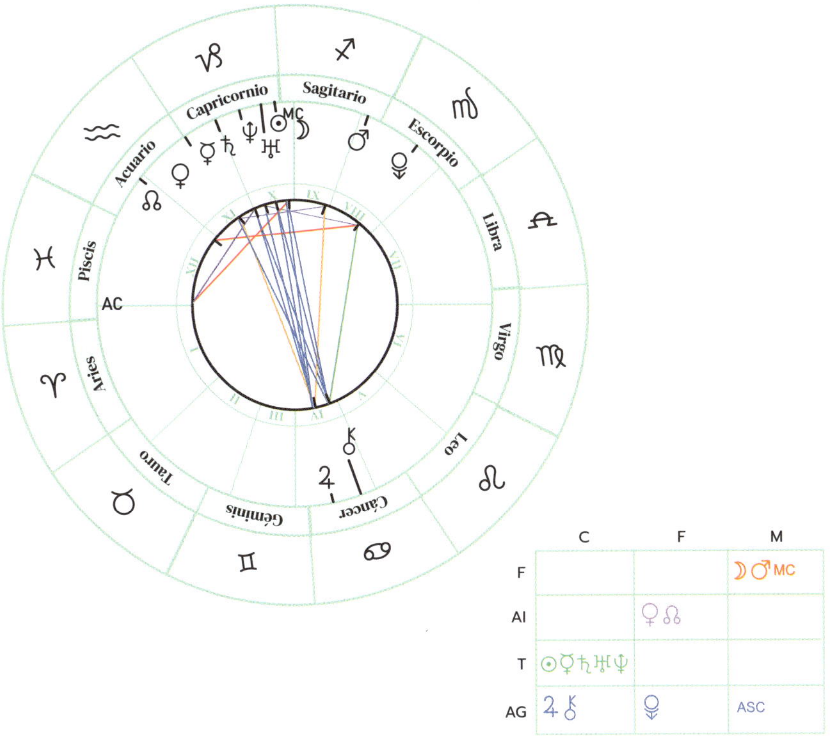

	C	F	M
F			☽ ♂ MC
AI		♀ ☊	
T	☉ ☿ ♄ ♅ ♆		
AG	♃ ⚷	♇	ASC

Por ejemplo, vamos a ver la carta de Miriam. En este caso vemos que no hay un modo predominante, ni tampoco modos débiles. Por ello, nos iríamos directas a ver el segundo paso sin sacar más conclusión que, a primera vista, parece una persona muy equilibrada.

Sin embargo, en esta otra carta que aparece más abajo, la de Martina, sí que vemos que tiene un modo predominante: el cardinal. Por ello, podemos intuir que tendrá gran capacidad de liderazgo, tenderá a la acción en vez de a la reflexión, será muy activa y eso querrá decir también que por ejemplo le costará más adaptarse a otros. Tampoco tiene modos débiles.

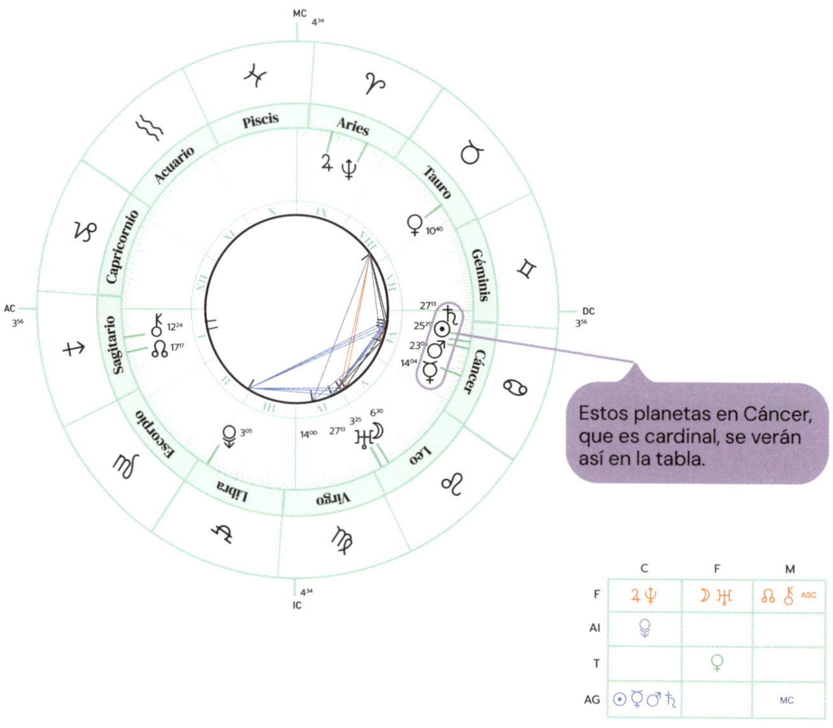

	C	F	M
F	♃♆	☽♅	☊ ⚷ ASC
Al	♇		
T		♀	
AG	☉☿♂♄		MC

Para que puedas hacer esas interpretaciones cuando veas modos débiles o predominantes en tu carta te he preparado esta chuleta:

Modo predominante: Si una persona tiene un modo predominante (seis o más planetas), seguramente mostrará las siguientes características:

***Cardinal* (planetas en los signos de Aries, Cáncer, Libra, Capricornio)**

- Orientación a la acción.
- Le interesa la experiencia en sí misma y menos las consecuencias.
- Toma la iniciativa.
- Directa.
- Activa.
- Dificultad de adaptación.
- Individualista.

***Fijo* (planetas en los signos de Tauro, Leo, Escorpio, Acuario)**

- Ideales fijos e incluso rígidos.
- Estable.
- Estructurada.
- Gran fuerza de voluntad.
- Tenaz.
- Ideas claras.
- Inflexible.
- Importancia de lo moral.
- Dificultad para tomar riesgos.

***Mutable* (planetas en los signos de Géminis, Virgo, Sagitario, Piscis)**

- Gran capacidad de adaptación.
- Versátil.
- Realista.
- Pragmática.
- Con muchos recursos.
- Inestable.
- Indecisa.
- Dificultad para centrarse en un objetivo.

MODO DÉBIL: Si una persona tiene un modo débil (dos o menos planetas en alguno de ellos), mostrará las siguientes características:

***Cardinal* (planetas en los signos de Aries, Cáncer, Libra, Capricornio)**

- Pasiva.
- Se deja llevar.
- Dificultad para iniciar actividades.

***Fijo* (planetas en los signos de Tauro, Leo, Escorpio, Acuario)**

- Inestable.
- Flexible.
- Dificultad para perseverar.

***Mutable* (planetas en los signos de Géminis, Virgo, Sagitario, Piscis)**

- Testaruda.
- Baja capacidad de adaptación.
- Inflexible.

Busca si tienes modos débiles o predominantes en tu carta y rellena la información en las páginas del final del libro.

Astrocuriosidad: Las personas que suelen tener una modalidad débil suelen buscar a otras que las complementen. Por ejemplo, si somos personas muy cardinales y tenemos poca presencia de modos fijos en la carta buscamos personas con predominancia de esa modalidad que nos ayuden a mantener y a cuidar lo que iniciamos.

4

PASO 2: ELEMENTOS

Una vez revisados los modos, seguimos con los elementos. La configuración de los elementos en una carta astral nos da una información complementaria a los modos. Se pueden entender como la energía básica que conforma a la persona en su esencia. Los elementos son cuatro: fuego (F), aire (AI), tierra (T) y agua (AG). Cada signo del Zodiaco está relacionado con un elemento:

Fuego	Aire	Tierra	Agua
Aries	Géminis	Tauro	Cáncer
Leo	Libra	Virgo	Escorpio
Sagitario	Acuario	Capricornio	Piscis

Revisando en qué signos tiene la persona situados los planetas y los principales asteroides podemos entender el peso de los elementos en su carta. Si nos fijamos en la tabla de elementos podemos revisarlo en un golpe de vista.

Como cuando analizamos los modos, vamos en busca de esos «puntos focales», es decir, un patrón que nos llame la atención. En este caso sería buscar si hay algún elemento predominante y/o débil. Poseer un **elemento predominante** significa que una persona tiene en un elemento seis o más planetas. En cambio, tener un **elemento débil** significa que posee en un elemento uno o cero planetas. También hay casos en los que los elementos están bastante equilibrados y esto nos habla de una persona con las energías de los cuatro elementos muy integradas, pero es más extraño encontrarse ese caso.

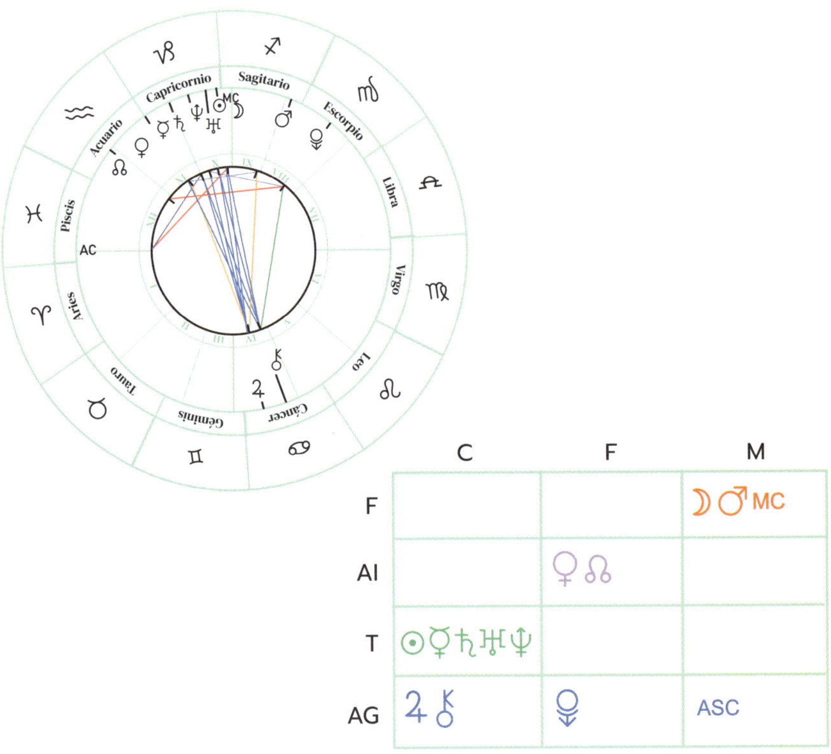

	C	F	M
F			☽ ♂ MC
AI		♀ ☊	
T	☉ ☿ ♄ ♅ ♆		
AG	♃ ⚷	♇	ASC

En el caso de Miriam que vimos antes, no había modos débiles ni predominantes y nos pasa lo mismo con los elementos, tiene pinta de que va a ser una persona muy equilibrada. Igual lo único que podríamos pensar es que tiene menos aire (aunque no deberíamos considerarlo débil), por lo que tal vez tenga una tendencia a ser más introvertida y solitaria que la media. Pero luego veremos cómo esto se compensa con otras cosas.

Por otro lado, en la carta de Martina sí que vemos que tiene dos elementos débiles: aire y tierra. Al ver su composición de elementos podemos confirmar lo que observamos en el análisis de modos, será una persona con tendencia a la acción y al liderazgo, pero con el análisis de elementos vemos más detalles: lo hará de una manera individualista, basada en lo que ella piensa y siente (por su falta de aire será más subjetiva) y sin importar que sea poco práctica o más desorganizada (por su falta de tierra), pero no de forma insensible, pues tiene el agua bien balanceada y más adelante veremos que de hecho este elemento es superimportante para ella.

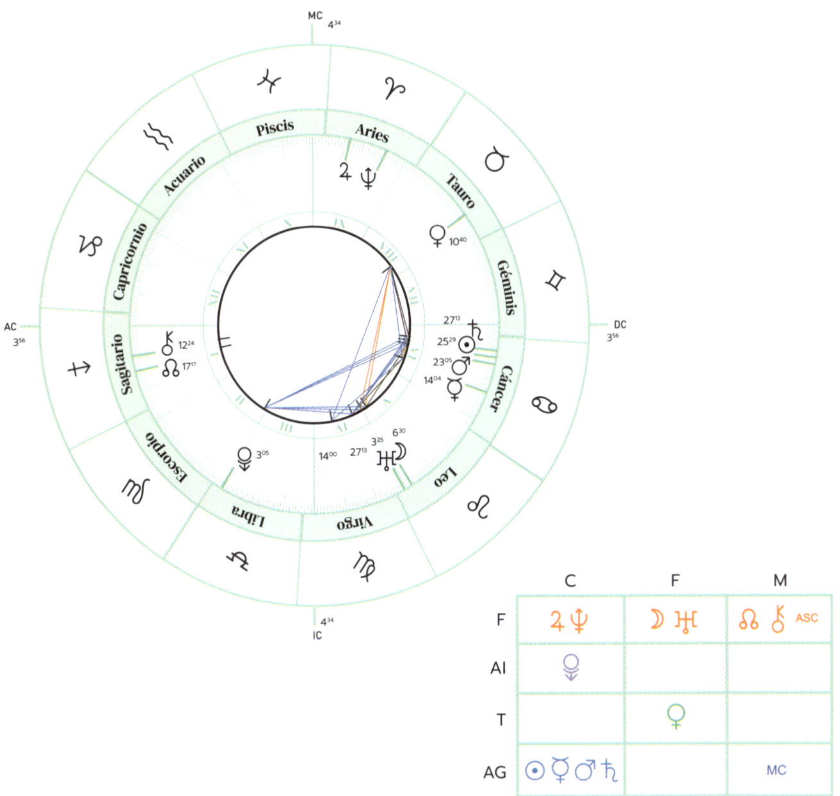

Para poder hacer esas interpretaciones cuando veamos una carta astral y revisemos los elementos puedes usar esta chuleta:

Elemento predominante: Si una persona tiene un elemento predominante (seis o más planetas), seguramente mostrará las características comentadas aquí:

Fuego (planetas en los signos de Aries, Leo, Sagitario)

- Entusiasta
- Energética
- Impulsiva
- Espontánea
- Temperamental
- Intensa
- Egocéntrica
- Idealista
- Pasional

Aire (planetas en los signos de Géminis, Libra y Acuario)

- Intelectual
- Conceptualizadora
- Creativa
- Observadora
- Indecisa
- Sociable
- Dispersa
- Desconectada emocionalmente

Tierra (planetas en los signos de Tauro, Virgo y Capricornio)

- Práctica
- Materialista
- Realista

- Estructurada
- Productiva
- Paciente
- Leal
- Inflexible
- Lenta

Agua (planetas en los signos de Cáncer, Escorpio y Piscis)

- Sensible
- Empática
- Emocional
- Intuitiva
- Imaginativa
- Ánimo variable
- Misteriosa
- Pasiva
- Apegada

Elemento débil: Si una persona tiene un elemento débil (recuerda, uno o cero planetas), seguramente mostrará las características comentadas aquí:

Fuego (planetas en los signos de Aries, Leo, Sagitario)

- Baja vitalidad
- Apática
- Desmotivada
- Pasiva

Aire (planetas en los signos de Géminis, Libra, Acuario)

- Subjetiva
- Desconectada
- Prefiere lo sencillo
- Solitaria

Tierra (planetas en los signos de Tauro, Virgo, Capricornio)

- Poco práctica
- Inestable
- Desorganizada
- Impaciente

Agua (planetas en los signos de Cáncer, Escorpio, Piscis)

- Dificultad de conexión con las emociones
- Controlada
- Reservada
- Insegura

¿Tienes elementos débiles o predominantes en tu carta? No olvides rellenar esta información en las páginas del final para empezar a darle forma a la interpretación.

Astrocuriosidad: Simplificando mucho podemos decir que hay personas más o menos compatibles con base en la predominancia de ciertos elementos en su carta. Por ejemplo, los individuos con la mayoría de los planetas en signos de tierra son personas de ritmo más lento y objetivas y congenian mejor con otras con igual predominancia de tierra, como es obvio, pero también de agua, ya que comparten esa objetividad, aunque sean más subjetivos. Y lo mismo pasa con el fuego y el aire.

5

PASO 3: CUADRANTES

Como ves, tu carta astral es mucho más que tu signo del Zodiaco (tu Sol), hay elementos y modos… ¡y aún nos quedan varias cositas por descubrir! Ahora vamos a centrarnos en analizar la dispersión de los planetas en tu carta. Igual esto te parece un poco complejo ahora, y cuando leas tu carta lo harás «confiando» en mí, pero este paso es importante hacerlo al principio de la lectura porque te acabará dando claves importantes. Cuando veamos el capítulo de las casas puedes volver atrás y seguro que todo te cuadra.

Hay dos maneras de analizar la dispersión de los planetas en tu carta que tienen en cuenta cómo están colocados dentro de las casas astrológicas: los cuadrantes y los hemisferios.

Primero vamos a adentrarnos en los cuadrantes. Estos dividen la carta en cuatro partes con base en los dos ejes de Ascendente/Descendente y Medio Cielo/Bajo Cielo o Fondo del Cielo. No te preocupes si piensas que te estoy hablando en otro idioma, no hace falta que entendamos qué son estas líneas ahora, pero sí que conozcas los nombres para identificarlas rápido en tu carta, aparecen como una cruz que siempre vas a ver en esa misma posición.

Teniendo en cuenta la dispersión de los planetas sobre estas líneas podremos entender qué áreas de la vida o temáticas tendrán más relevancia para esa persona. Esto es posible porque revisamos qué casas tienen más peso en la carta del individuo y con esa información podemos inferir mucho. No te preocupes, que con la información que te voy a dar abajo no tienes aún ni por qué saber qué son las casas.

Para interpretarlos, nos fijamos en uno o dos cuadrantes que tengan el mayor número de planetas en la carta. Cuando los tengamos identificados podemos usar esta chuleta para interpretar qué implica. En general, se deben interpretar como temáticas que le llaman la atención a la persona o por las que siente la necesidad de desarrollarlas.

- ***Cuadrante 1*** (mayoría de los planetas en las casas 1, 2 y 3): Si la persona tiene un número elevado de planetas en este cuadrante, podemos entender que estos serán temas importantes en su vida: encontrar su identidad propia, conocerse bien a sí mismo, tomar conciencia de su manera de ver las cosas, cómo se expresa, qué le da seguridad… Será una persona muy resolutiva y reservada.

- ***Cuadrante 2*** (mayoría de los planetas en las casas 4, 5 y 6): Si vemos que la persona tiene la mayoría de los planetas en este cuadrante, podemos inferir que los temas importantes para ella irán alrededor de la temática de la expresión social con gente conocida, como la familia, y apreciará lo ya conocidos y sus rutinas. Necesitará personas cercanas, al contrario que el cuadrante 1, que era más resolutiva, pero sí que será también reservada de alguna manera.

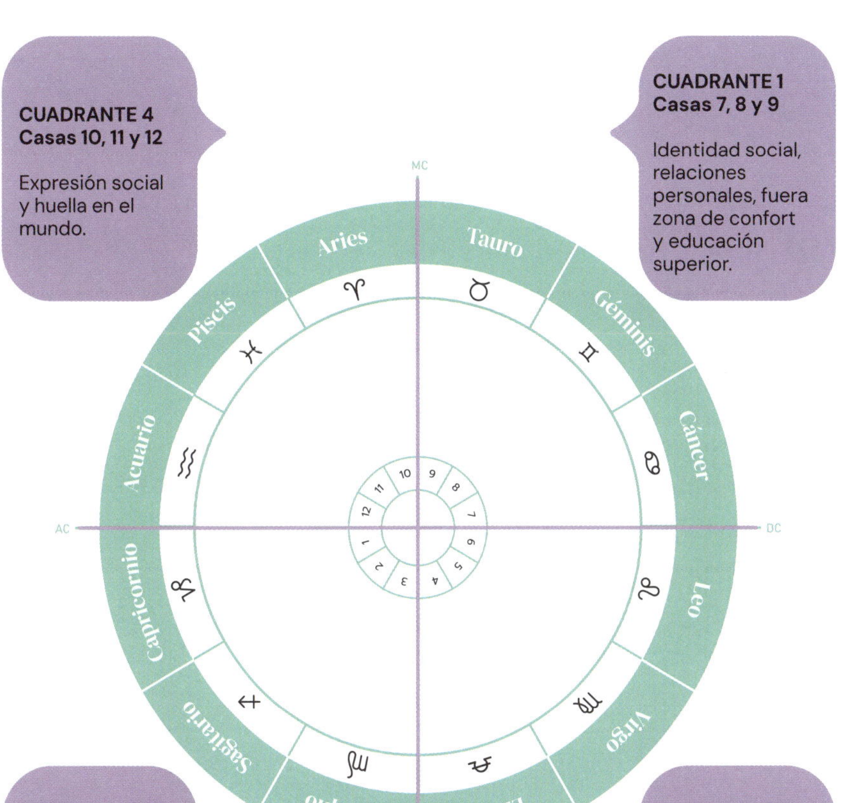

- ***Cuadrante 3*** (mayoría de los planetas en las casas 7, 8 y 9): Si la persona tiene un número elevado de planetas en este cuadrante, podemos entender que serán individuos que se encuentren con temas relacionados con desarrollar su identidad social y su filosofía de vida. A su vez, serán dependientes de personas fuera de su círculo familiar directo, como la pareja, la familia política o los socios. Serán más dependientes, como en el cuadrante 2, pero no reservados, sino más sociables.

- ***Cuadrante 4*** (mayoría de los planetas en las casas 10, 11 y 12): Si la persona tiene un número elevado de planetas en este cuadrante, podemos inferir que el mundo exterior tiene mucha más relevancia para la persona que su individualidad. Le importan sus amigos y su huella en el mundo. Será una persona resolutiva y autosuficiente como en el cuadrante 1, pero al contrario que en este, pondrá su enfoque en el exterior, será mucho más sociable.

Como veremos en los próximos capítulos de hemisferios y patrones, cada carta tiene una dispersión de planetas distinta, y eso es lo que nos da información sobre la persona.

Astrocuriosidad: ¿Tienes cuadrantes vacíos en tu carta? No te preocupes, es completamente normal tener un cuadrante vacío, esto nos dice que no son temas foco para ti. De hecho, hay cartas con muchísima dispersión en las que no hay cuadrantes ni hemisferios predominantes, en ese caso pasaremos al quinto paso directamente para entender los patrones.

En el ejemplo que estamos siguiendo de Miriam vemos por fin un primer dato clave: claramente hay una predominancia del cuadrante 4. Por tanto, para esta persona habrá una temática muy importante, que es su huella en el mundo y su entorno, y además podemos inferir que será resolutiva y sociable (vemos que ese aire flojito queda paliado por esto, como te comentaba antes).

Revisa tu carta para ver si tienes un cuadrante con más número de planetas o no, en cualquier caso, toma nota en tus apuntes.

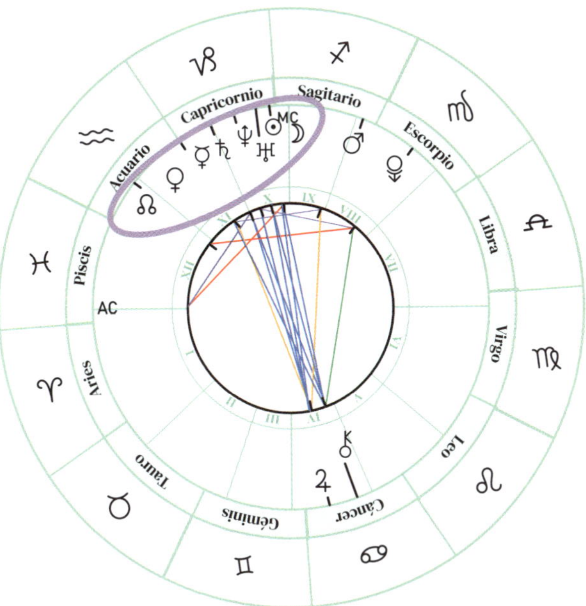
Capricornio
Sagitario
Escorpio
Libra
Virgo
Leo
Cáncer
Géminis
Tauro
Aries
Piscis
Acuario
MC
AC

6

PASO 4: HEMISFERIOS

Otra manera diferente de dividir la carta astral es usando como referencia las casas, divididas por grupos de seis, lo que da lugar a los hemisferios. Estos son cuatro grupos de seis casas desde diferentes puntos de vista. Este sistema es distinto a los cuadrantes, que abarcan cada uno tres casas.

Con base en la dispersión de los planetas en estos cuatro tipos de hemisferios podemos seguir revisando áreas de énfasis para la vida de la persona. Para interpretarlos, hay que fijarse en el hemisferio que tenga el mayor número de planetas en la carta. Mi recomendación es darle mayor importancia a esa interpretación si tienes ahí más de siete planetas.

Una vez que lo tengamos identificado podemos usar este resumen para entender qué implica esto:

- ***Hemisferio norte*** (más de siete planetas en las casas 1-6): Son las casas por debajo de la línea del horizonte —línea ascendente (ASC) y descendente (DC)—. Suelen ser personas más introspectivas e introvertidas. Las temáticas importantes para ellas son: la seguridad, la comunicación, la familia, rutinas…

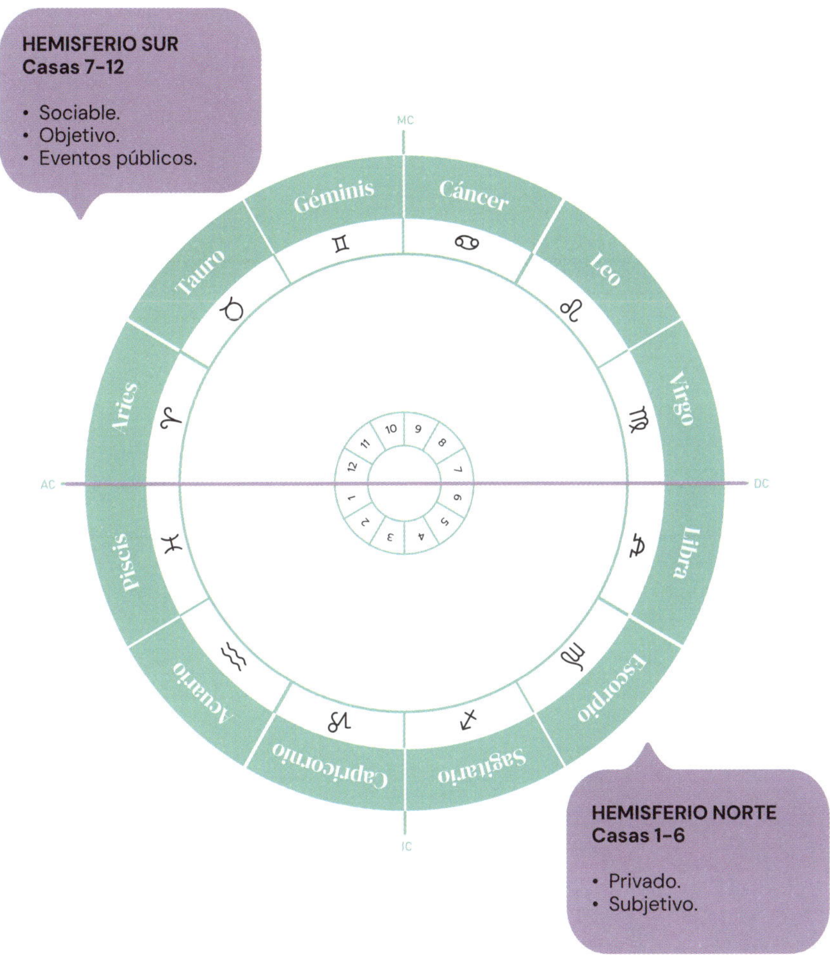

- ***Hemisferio sur*** (más de siete planetas en las casas 7-12): Son las casas por encima de la línea del horizonte. Suelen ser personas centradas en el exterior, necesitan sentirse vistas por los demás, son sociables, extrovertidas, enfocadas en el otro, en su carrera, sus creencias…

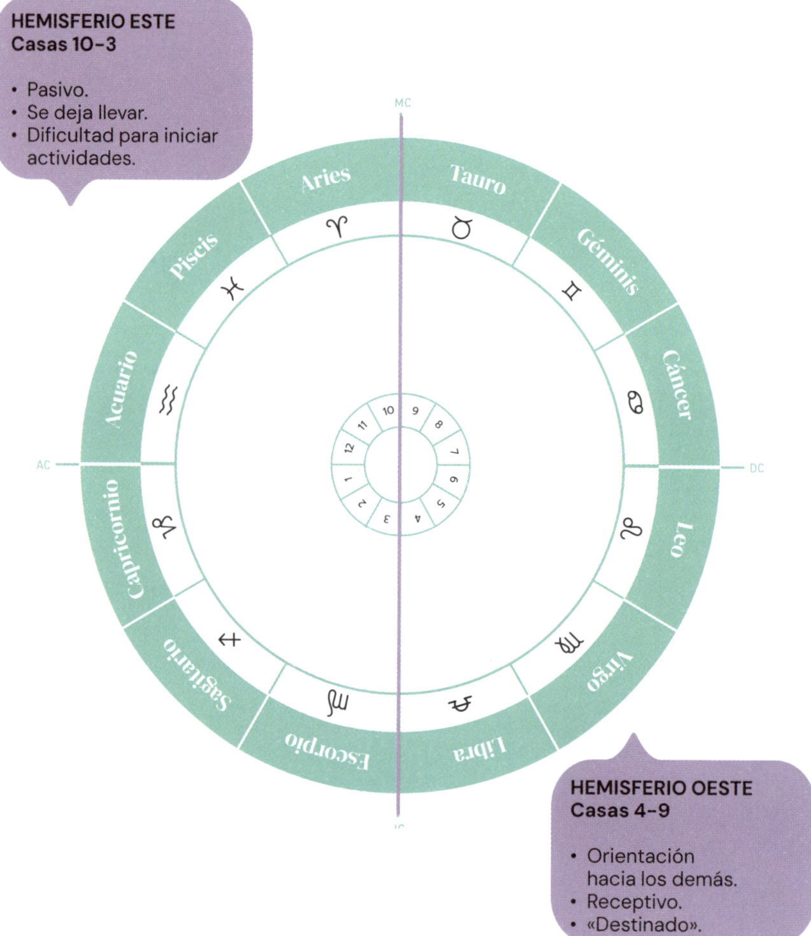

- ***Hemisferio este*** (más de siete planetas en las casas 10-3): Incluye las casas que están a la izquierda de la línea de Medio Cielo (MC) y Bajo Cielo (FC o BC) de tu carta. Las personas que tienen una mayor concentración de planetas en este hemisferio suelen ser muy autónomas, motivadas a hacer las cosas a su manera, pero eso les hace tener problemas a veces al relacionarse en grupo. Algunas temáticas importantes para esas personas serán la carrera, la comunidad, el yo, la seguridad y la comunicación.

- ***Hemisferio oeste*** (más de siete planetas en las casas 4-9): Al otro lado de la línea del MC y BC están las casas que tratan temáticas como la familia, asociaciones, creencias y creatividad. Por ello, las personas que tienen una mayor concentración de planetas en este hemisferio suelen estar orientadas a los demás, son muy receptivas, adaptables y dependen de sus circunstancias y de terceros a veces.

Astrocuriosidad: Beyoncé, una de las cantantes femeninas más conocidas del mundo, es el mejor ejemplo de alguien con todos sus planetas en el hemisferio este. Esto nos habla de una persona que va a por lo que quiere de manera autónoma, no necesita de otros y no para hasta conseguirlo. Cuadra perfecto con ella.

La carta de Miriam que estábamos analizando tiene un hemisferio sur importante, con todos sus planetas menos uno ahí. Por ello podemos intuir que será una persona sociable, extrovertida (como te decía confirmamos de nuevo que hay poco aire, pero está contrarrestado por la presencia de la mayoría de sus planetas en este cuadrante), muy centrada en su carrera. Esto coincide mucho con esa relevancia del cuadrante 4, que nos habla de la importancia para esta persona de lo que ella aporta al mundo.

¡Ojo! Es normal que surjan contradicciones mientras interpretamos la carta, como esta que nos ha pasado con Miriam de la falta de aire y las temáticas de los cuadrantes. No te preocupes, ve tomando nota de las cosas que no te cuadran, y según vayamos avanzando seguro que aclararemos estos temas y todo cobrará sentido. Al final, estos primeros pasos son pinceladas de la persona, en los próximos nos meteremos bien en harina.

En este otro ejemplo, de Vega, hay una predominancia del hemisferio norte y oeste. Por ello podemos interpretar que será una persona introspectiva, más bien tímida con la gente que está fuera de su círculo, pero para la que sus relaciones son una parte clave de su vida. Esto coincide con ese elemento aire más flojo y ese modo fijo predominante de su carta.

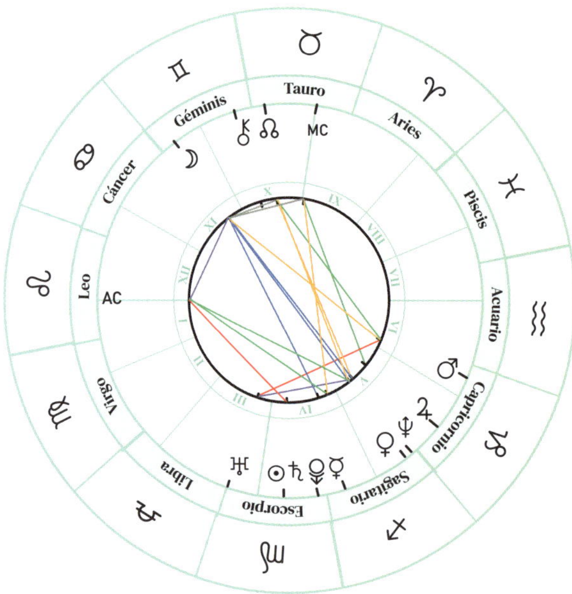

¿Tienes algún hemisferio predominante en tu carta? ¡Toma nota!

7

PASO 5: PATRONES

Ahora vamos a analizar los patrones, que son maneras específicas en las que los planetas (no contamos los asteroides) pueden estar repartidos en la carta de una persona. Para identificar estos patrones de dispersión tenemos que echar un vistazo a cómo están colocados: en qué casas, en qué signos, cuánta separación hay entre unos y otros… Y revisar el resumen de los patrones básicos y su significado, que te dejo abajo para ver si encaja alguno.

Existen siete patrones definidos de agrupación de planetas que podemos usar para entender ciertas tendencias de la persona:

- **El abanico:** Todos los planetas están concentrados en cuatro o menos casas consecutivas o en 120 grados. Esto nos habla de una persona con un foco claro en su vida y mucha confianza en sí misma, de hecho, suelen estar muy especializadas en un área.

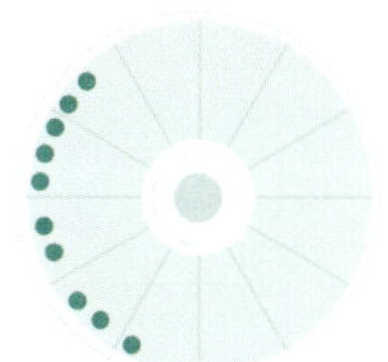

Abanico

Planetas concentrados en cuatro o cinco casas consecutivas en 120 grados.

Gran concentración y confianza, especializadas en un área.

- **La locomotora:** Todos los planetas están concentrados en 240-250 grados en ocho casas aproximadamente, con tres o cuatro casas libres. Este patrón nos hablará de una persona solitaria pero energética, muy enfocada en sus objetivos y práctica. En cartas con este patrón es interesante ver el primer planeta que aparece en el sentido horario después del espacio vacío, ya que marcará bastante esta carta.

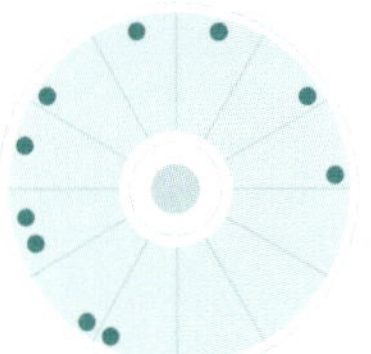

Locomotora

Planetas distribuidos en 240-250 grados con tres o cuatro casas libres.

Persona enérgica, determinada y práctica.

- **El trípode:** Todos los planetas están distribuidos en al menos dos o tres grupos en una distancia no mayor de 60 grados o un signo vacío entre cada uno. Esto nos indicará que es una persona con mucho talento que necesita trabajo y atención para desarrollar, ya que tiende a la dispersión. También nos dice que es individualista y revolucionaria.

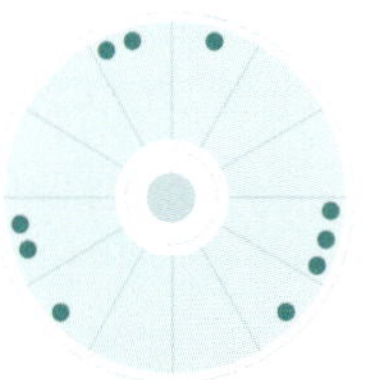

Trípode

Tres grupos en una distancia no mayor de 60 grados entre cada uno.

Persona individualista y revolucionaria.

- **El cuenco:** Los planetas están concentrados en seis casas consecutivas en 180-190 grados, es decir, ocupan una mitad de la carta. Una persona con este patrón será alguien con ideas y valores muy claros; además, tenderá a buscar algo que le llene o tenga un propósito que le motive.

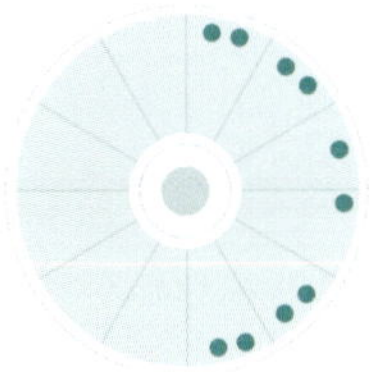

Cuenco

Planetas concentrados en seis casas consecutivas en 180-190 grados.

Persona con mucha concentración que siempre está buscando algo.

- **El embudo:** En este caso nueve planetas se agrupan en 180 grados y un décimo se opone. Este planeta suele tener también un rol importante para la persona, habrá que revisarlo bien cuando leamos la carta. Alguien con este patrón querrá experimentar un fuerte sentido de pertenencia, quiere que se le reconozca y tiene ganas de colaborar con el bienestar colectivo.

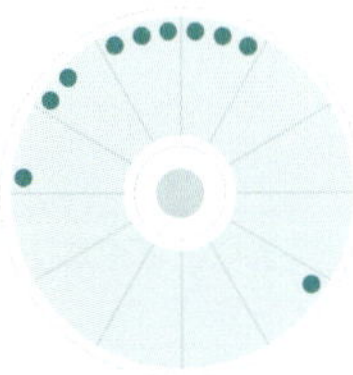

Embudo

Nueve planetas agrupados en 180 grados con un décimo opuesto.

Persona con fuerte sentido de pertenencia y valor al bienestar colectivo.

- **El columpio:** Los planetas están divididos en dos grupos en oposición con 60 grados o dos signos de separación entre cada grupo. Nos habla de personas muy resilientes, llenas de contradicciones, que necesitan integrar esas energías opuestas en busca de un equilibrio interno.

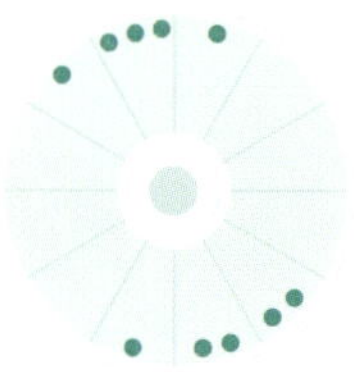

Columpio

Planetas divididos en dos grupos opuestos con 60 grados o dos signos entre cada uno.

Personas contradictorias y resilientes.

- **La salpicadura:** En este patrón los planetas se esparcen por la mayoría de los signos de manera aleatoria. Para que se considere que una persona presenta este patrón en su carta deberá tener al menos siete casas o signos con planetas. Nos habla de una persona con intereses dispersos, con un elevado desgaste energético y muchas ganas de compartir con el resto de las personas.

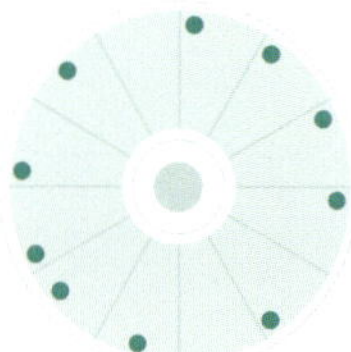

Salpicadura

Los planetas se esparcen por la mayoría de los signos.

Personas con diferentes intereses y elevado desgaste energético.

Astrocuriosidad: ¿Y si en mi carta no hay ningún patrón claro? No todas las cartas natales se ajustan a los patrones de dispersión de los planetas que hemos visto. Sin embargo, esto no implica nada negativo, simplemente no nos ofrece información extra a la hora de interpretarla.

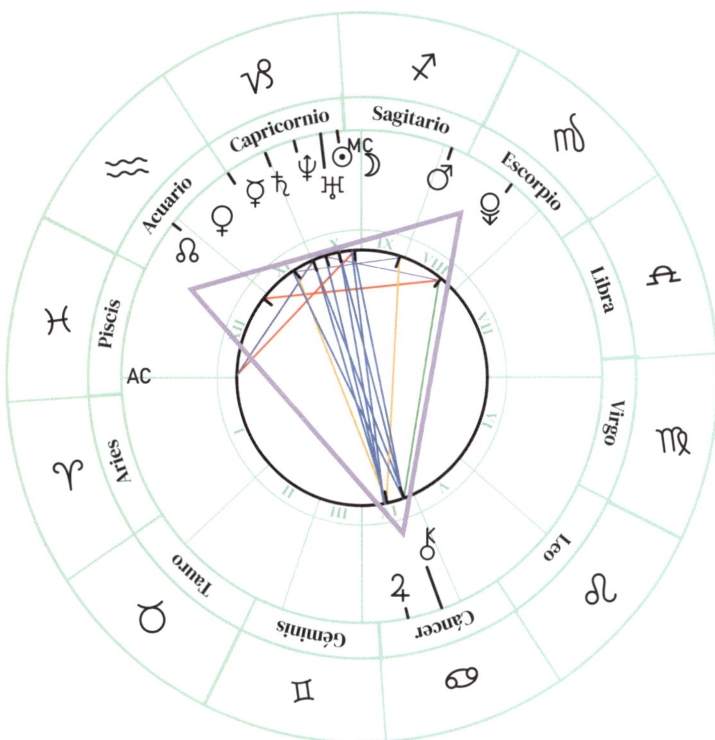

Ahora veamos estos patrones en la práctica. Nuestra querida Miriam tiene un patrón de embudo que nos cuadra mucho con lo que hemos visto anteriormente: es una persona para la que los grupos, socializar y su carrera son muy importantes, ya que este patrón nos habla de alguien que busca pertenecer y que se le reconozca. Además, observaremos con detenimiento ese Júpiter en casa 4 en Cáncer cuando la interpretemos (nos habla de la importancia de su familia y cómo es); en su carta, al ser ese planeta «separado» del resto tendrá mucha más relevancia.

En esta otra carta, que es la mía, vemos el patrón de la salpicadura, que nos habla de alguien con intereses dispersos, que pone toda su energía en lo que hace y que tiene muchas ganas de compartir con el resto. Y no me puedo identificar más, además con un signo ascendente Géminis, multiplicamos esto por dos. Como os comentaba en la introducción, mis intereses han variado mucho a lo largo de mi vida, pero aparte de la psicología, he probado como hobbies el baile, la gimnasia rítmica, tocar el ukelele, hacer cerámica, trabajé también en banca de inversión, consultoría, y cuando me meto en algo lo hago a tope y no puedo parar de hablar de ello con todo el mundo, de hecho, los suelo arrastrar a unirse conmigo.

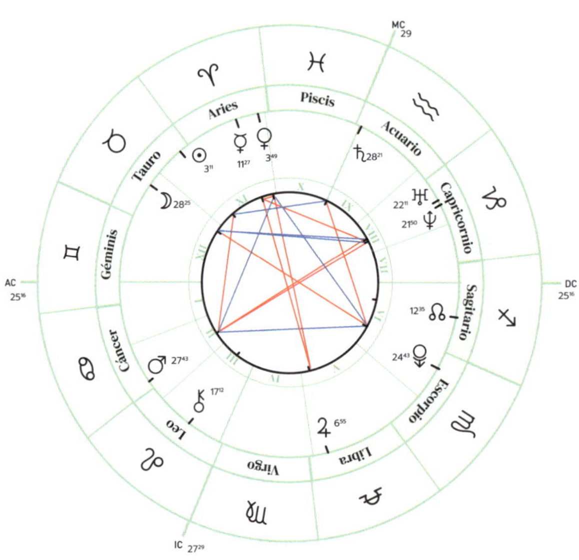

8

PASO 6: LOS SIGNOS DEL ZODIACO Y TU *BIG 3*

Como ya sabemos, la representación del Zodiaco que usamos se divide en doce partes de 30 grados cada una, y esto es lo que determina los doce signos zodiacales que todos conocemos, que son la base de la astrología. Al final, los signos del Zodiaco son arquetipos que representan ciertas características de personalidad, y en este capítulo vamos a aprender, además de saber tu signo solar, cómo usarlos para entenderte mejor a través de tu carta astral.

Es clave primero familiarizarnos con los signos porque, como veremos luego, nos ayudarán a interpretar los planetas y otros asteroides y puntos críticos más allá de nuestro *big 3* (ASC, ☉ y ☾) y las casas.

Quizá ya los conoces todos bien, pero igualmente vamos a hacer un repaso rápido de cuáles son los doce signos del Zodiaco:

Aries

21 DE MARZO AL 19 DE ABRIL

Aries en tu carta: en el ámbito en el que se manifieste esta energía de Aries representará una parte de la vida donde quieras tener control y liderar. Será un lugar que quieras conquistar y donde expreses la energía de manera impetuosa.

PLANETA Marte · ELEMENTO Fuego · MODO Cardinal

Energía pura, acción imparable

Debilidades	Fortalezas
Impulsiva	Ambiciosa
Intransigente	Directa
Egocéntrica	Activa
Impaciente	Pionera
Competitiva	Enérgica

Tauro

20 DE ABRIL AL 20 DE MAYO

Tauro en tu carta: en el ámbito en el que se manifieste esta energía de Tauro representará una parte de la vida donde seas práctica y uses el sentido común.

PLANETA Venus · ELEMENTO Tierra · MODO Fijo

Belleza en cada paso, fuerza en cada decisión

Debilidades	Fortalezas
Materialista	Consistente
Cabezona	Tenaz
Ritmo lento	Ideas claras
Rechazo al cambio	Práctica
Escéptica	Paciente

Géminis

21 DE MAYO AL 20 DE JUNIO

Géminis en tu carta: en el ámbito en el que se manifieste esta energía de Géminis representará una parte de la vida donde necesitas libertad de movimiento, experimentar y vivir de manera diferente.

PLANETA Mercurio · ELEMENTO Aire · MODO Mutable

Versatilidad que inspira, ingenio que cautiva

Debilidades	Fortalezas
Cambiante	Curiosa
Inconsciente	Dotes de comunicación
Frívola	Ingeniosa
Conflicto con el compromiso	Adaptable
Volátil	Honesta

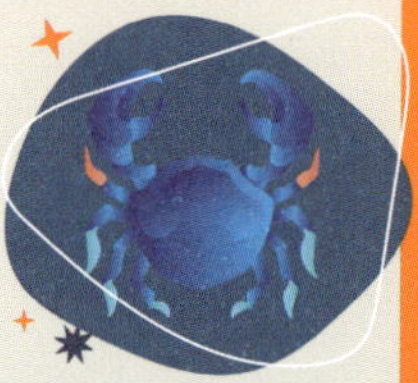

Cáncer

21 DE JUNIO AL 20 DE JULIO

Cáncer en tu carta: en el ámbito en el que se manifieste esta energía de Cáncer será un espacio vital en el que buscas seguridad emocional.

PLANETA Luna · ELEMENTO Agua · MODO Cardinal

Emociones auténticas, conexiones duraderas

Debilidades	Fortalezas
Insegura	Sensible
Tímida	Intuitiva
Desconfiada	Empática
Voluble	Confiable
Susceptible	Detallista

Leo

21 DE JULIO AL 21 DE AGOSTO

Leo en tu carta: en el ámbito en el que se manifieste esta energía de Leo será un espacio donde busques sentir orgullo y donde necesitas validación externa.

PLANETA Sol · ELEMENTO Fuego · MODO Fijo

Iluminando el mundo con majestuosidad y pasión

Debilidades	Fortalezas
Controladora	Valiente
Arrogante	Carismática
Orgullosa	Inspiradora
Egocéntrica	Generosa
Necesidad de atención	Creativa

Virgo

22 DE AGOSTO AL 22 DE SEPTIEMBRE

Virgo en tu carta: en el ámbito en el que se manifieste esta energía de Virgo es en el que tienes dificultad para ser espontánea y suele estar presente la búsqueda de perfección.

PLANETA Mercurio · ELEMENTO Tierra · MODO Mutable

La fuerza de la meticulosidad

Debilidades	Fortalezas
Critica	Perfeccionista
Obsesiva	Analitica
Reservada	Confiable
Insegura	Servicial
Modesta	Eficiente

Libra
23 DE SEPTIEMBRE AL 22 DE OCTUBRE
Libra en tu carta: en el ámbito en el que se manifieste esta energía de Libra será un espacio en el busques cooperar, ayudar y sepas que es importante compartir.
PLANETA Venus
ELEMENTO Aire
MODO Cardinal
Donde el equilibrio se encuentra con la belleza
Debilidades
Indecisa
Pasivo-agresiva
Tendencia a procrastinar
Insegura
Superficial
Fortalezas
Diplomática
Idealista
Carismática
Objetiva
Cooperadora

Escorpio
23 DE OCTUBRE AL 22 DE NOVIEMBRE
Escorpio en tu carta: en el ámbito en el que se manifieste esta energía de Escorpio se expresan transformaciones, intensidad y profundidad.
PLANETA Plutón y Marte (astrología trad.)
ELEMENTO Agua
MODO Fijo
Misterio y profundidad que despiertan la pasión
Debilidades
Impulsiva
Reservada
Obstinada
Inflexible
Posesiva
Fortalezas
Tenaz
Misteriosa
Líder
Intuitiva
Magnética

Sagitario
23 DE NOVIEMBRE AL 20 DE DICIEMBRE
Sagitario en tu carta: en el ámbito en el que se manifieste esta energía de Sagitario será un espacio en el que busques aprender y crecer.
PLANETA Júpiter
ELEMENTO Fuego
MODO Mutable
Rompiendo fronteras, conquistando horizontes
Debilidades
Descuidada
Impaciente
Impulsiva
Dogmática
Demasiado directa
Fortalezas
Espíritu aventurero
Optimista
Mente abierta
Entusiasta
Generosa

Capricornio
21 DE DICIEMBRE AL 19 DE ENERO
Capricornio en tu carta: en el ámbito en el que se manifieste esta energía de Capricornio es un espacio que necesita estructura y donde tendrás más ambición.
PLANETA Saturno
ELEMENTO Tierra
MODO Cardinal
Conquistando cimas, elevando metas
Debilidades
Obstinada
Controladora
Rígida
Pesimista
Conservadora
Fortalezas
Realista
Ambiciosa
Orientada a objetivos
Disciplinada
Responsable

Acuario
20 DE ENERO AL 18 DE FEBRERO
Acuario en tu carta: en el ámbito en el que se manifieste esta energía de Acuario buscarás libertad de acción para explorar maneras no convencionales de hacer las cosas.
PLANETA Urano y Saturno (astrología trad.)
ELEMENTO Aire
MODO Fijo
Visiones audaces, cambios revolucionarios
Debilidades
Excéntrica
Utópica
Dogmática
Despegada
Indiferente
Fortalezas
Original
Tolerante
Con visión de futuro
Ingeniosa
Independiente

Piscis
19 DE FEBRERO AL 20 DE MARZO
Piscis en tu carta: en el ámbito en el que se manifieste esta energía de Piscis es un área donde tienes especial sensibilidad y creatividad pero puede haber confusión para controlar ese aspecto.
PLANETA Neptuno y Júpiter (astrología trad.)
ELEMENTO Agua
MODO Mutable
Navegando los océanos de la creatividad
Debilidades
Poco realista
Descuidada
Caótica
Victimista
Impresionable
Fortalezas
Intuitiva
Creativa
Humilde
Imaginativa
Generosa

Astrocuriosidad: Desde hace varios años se ha compartido que la NASA descubrió una nueva constelación y que por ello había un nuevo signo del Zodiaco: Ofiuco, y ahora también se habla de Cetus. Sin embargo, la NASA ya habló que esto son descubrimientos astronómicos, no astrológicos. Los doce signos se deben a una simplificación previa hecha por los babilonios del cielo dividido en doce partes reconocibles, a las que se les asignaron una constelación. Por ello, las constelaciones astronómicas no corresponden a las fechas de los límites de los signos astrológicos ni las afectan los nuevos descubrimientos.

Como hemos visto antes, los signos del Zodiaco se pueden categorizar en diferentes grupos dependiendo de su elemento y su modo. Esto es muy útil, porque nos ayuda a entender las características básicas del signo de manera rápida. Por ejemplo, imagínate que alguien te dice que es aries, pero no tienes ni idea de qué significa este signo, solo sabes que es de fuego y cardinal. Con eso ya puedes inferir que será una persona muy activa, temperamental y con mucha iniciativa, que es diferente a por ejemplo un leo, que también tiene esa parte temperamental y pasional de los aries al ser de fuego, pero al ser un signo fijo es más estable y tiene mucha fortaleza para mantener lo que le gusta.

	Fuego	Aire	Tierra	Agua
Cardinal	Aries	Libra	Capricornio	Cáncer
Fijo	Leo	Acuario	Tauro	Escorpio
Mutable	Sagitario	Géminis	Virgo	Piscis

Pero los signos del Zodiaco por sí solos no nos sirven para interpretar tu carta, debemos complementarlos con otros elementos. Por ello, lo que haremos primero es centrarnos en el *big 3* de la persona: Sol, Luna y Ascendente. Este bloque de planetas y puntos matemáticos nos dirá mucho de la persona, el Sol nos habla del potencial, la Luna del mundo emocional y el Ascendente de cómo se le percibe y de su personalidad.

Pero antes de ponernos a interpretar quiero revisar contigo las características principales de los signos del Zodiaco para que entiendas qué puede significar tenerlo en tu *big 3* o en cualquier otra posición en tu carta. Veremos una ficha por cada signo que incluirá:

Astrocuriosidad: Cuando naces cerca de la fecha de cambio de signo del Zodiaco se puede considerar que has nacido entre dos signos o en la cúspide de un signo. Por ello, es normal que te sientas identificada con ambos signos. Por ejemplo, si has nacido entre el 19 y 23 de abril, como yo, seguramente seas un tauro con mucha energía ariana, más activo de lo esperado, más líder y menos paciente.

Aries

21 DE MARZO AL 19 DE ABRIL

Aries en tu carta: en el ámbito en el que se manifieste esta energía de Aries representará una parte de la vida donde quieras tener control y liderar. Será un lugar que quieras conquistar y donde expreses la energía de manera impetuosa.

 PLANETA Marte

 ELEMENTO Fuego

 MODO Cardinal

Energía pura, acción imparable

Debilidades

Impulsiva
Intransigente
Egocéntrica
Impaciente
Competitiva

Fortalezas

Ambiciosa
Directa
Activa
Pionera
Enérgica

Tauro

20 DE ABRIL AL 20 DE MAYO

Tauro en tu carta: en el ámbito en el que se manifieste esta energía de Tauro representará una parte de la vida donde seas práctica y uses el sentido común.

 PLANETA Venus

 ELEMENTO Tierra

 MODO Fijo

Belleza en cada paso, fuerza en cada decisión

Debilidades

Materialista
Cabezona
Ritmo lento
Rechazo al cambio
Escéptica

Fortalezas

Consistente
Tenaz
Ideas claras
Práctica
Paciente

Géminis

21 DE MAYO AL 20 DE JUNIO

Géminis en tu carta: en el ámbito en el que se manifieste esta energía de Géminis representará una parte de la vida donde necesitas libertad de movimiento, experimentar y vivir de manera diferente.

 PLANETA Mercurio  ELEMENTO Aire  MODO Mutable

Versatilidad que inspira, ingenio que cautiva

 **Debilidades** 

Cambiante
Inconsciente
Frívola
Conflicto con el compromiso
Volátil

 **Fortalezas**

Curiosa
Dotes de comunicación
Ingeniosa
Adaptable
Honesta

Cáncer

21 DE JUNIO AL 20 DE JULIO

Cáncer en tu carta: en el ámbito en el que se manifieste esta energía de Cáncer será un espacio vital en el que buscas seguridad emocional.

 PLANETA Luna  ELEMENTO Agua  MODO Cardinal

Emociones auténticas, conexiones duraderas

 **Debilidades** 

Insegura
Tímida
Desconfiada
Voluble
Susceptible

 **Fortalezas** 

Sensible
Intuitiva
Empática
Confiable
Detallista

Leo

21 DE JULIO AL 21 DE AGOSTO

Leo en tu carta: en el ámbito en el que se manifieste esta energía de Leo será un espacio donde busques sentir orgullo y donde necesitas validación externa.

PLANETA
Sol

ELEMENTO
Fuego

MODO
Fijo

Iluminando el mundo con majestuosidad y pasión

Debilidades	Fortalezas
Controladora	Valiente
Arrogante	Carismática
Orgullosa	Inspiradora
Egocéntrica	Generosa
Necesidad de atención	Creativa

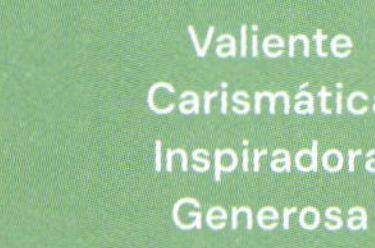

Virgo

22 DE AGOSTO AL 22 DE SEPTIEMBRE

Virgo en tu carta: en el ámbito en el que se manifieste esta energía de Virgo es en el que tienes dificultad para ser espontánea y suele estar presente la búsqueda de perfección.

PLANETA
Mercurio

ELEMENTO
Tierra

MODO
Mutable

La fuerza de la meticulosidad

Debilidades	Fortalezas
Crítica	Perfeccionista
Obsesiva	Analítica
Reservada	Confiable
Insegura	Servicial
Modesta	Eficiente

Libra

23 DE SEPTIEMBRE AL 22 DE OCTUBRE

Libra en tu carta: en el ámbito en el que se manifieste esta energía de Libra será un espacio en el busques cooperar, ayudar y sepas que es importante compartir.

 **PLANETA** Venus

 **ELEMENTO** Aire

 **MODO** Cardinal

Donde el equilibrio se encuentra con la belleza

Debilidades

Indecisa
Pasivo-agresiva
Tendencia a procrastinar
Insegura
Superficial

Fortalezas

Diplomática
Idealista
Carismática
Objetiva
Cooperadora

Escorpio

23 DE OCTUBRE AL 22 DE NOVIEMBRE

Escorpio en tu carta: en el ámbito en el que se manifieste esta energía de Escorpio se expresan transformaciones, intensidad y profundidad.

 **PLANETA** Plutón y Marte (astrología trad.)

 **ELEMENTO** Agua

 **MODO** Fijo

Misterio y profundidad que despiertan la pasión

Debilidades

Impulsiva
Reservada
Obstinada
Inflexible
Posesiva

Fortalezas

Tenaz
Misteriosa
Líder
Intuitiva
Magnética

Sagitario

23 DE NOVIEMBRE AL 20 DE DICIEMBRE

Sagitario en tu carta: en el ámbito en el que se manifieste esta energía de Sagitario será un espacio en el que busques aprender y crecer.

 PLANETA Júpiter

ELEMENTO Fuego

 MODO Mutable

Rompiendo fronteras, conquistando horizontes

 Debilidades 

Descuidada
Impaciente
Impulsiva
Dogmática
Demasiado directa

Fortalezas 

Espíritu aventurero
Optimista
Mente abierta
Entusiasta
Generosa

Capricornio

21 DE DICIEMBRE AL 19 DE ENERO

Capricornio en tu carta: en el ámbito en el que se manifieste esta energía de Capricornio es un espacio que necesita estructura y donde tendrás más ambición.

 PLANETA Saturno

 ELEMENTO Tierra

 MODO Cardinal

Conquistando cimas, elevando metas

 Debilidades 

Obstinada
Controladora
Rígida
Pesimista
Conservadora

Fortalezas 

Realista
Ambiciosa
Orientada a objetivos
Disciplinada
Responsable

Acuario

20 DE ENERO AL 18 DE FEBRERO

Acuario en tu carta: en el ámbito en el que se manifieste esta energía de Acuario buscarás libertad de acción para explorar maneras no convencionales de hacer las cosas.

PLANETA
Urano y Saturno
(astrología trad.)

ELEMENTO
Aire

MODO
Fijo

Visiones audaces, cambios revolucionarios

Debilidades

Excéntrica
Utópica
Dogmática
Despegada
Indiferente

Fortalezas

Original
Tolerante
Con visión de futuro
Ingeniosa
Independiente

Piscis

19 DE FEBRERO AL 20 DE MARZO

Piscis en tu carta: en el ámbito en el que se manifieste esta energía de Piscis es un área donde tienes especial sensibilidad y creatividad, pero puede haber confusión para controlar ese aspecto.

PLANETA
Neptuno y Júpiter
(astrología trad.)

ELEMENTO
Agua

MODO
Mutable

Navegando los océanos de la creatividad

Debilidades

Poco realista
Descuidada
Caótica
Victimista
Impresionable

Fortalezas

Intuitiva
Creativa
Humilde
Imaginativa
Generosa

Astrocuriosidad: Que no te engañen... Hay muchos mitos sobre algunos signos del Zodiaco, pero hay que conocerlos siempre bien y entenderlos, aquí te cuento los estereotipos más comunes que no creo que sean verdad, o al menos aquellos que requieren que los entendamos mejor:

Aries: Tienen mucho carácter. Es verdad, pero también se enfadan tan rápido como se desenfadan, y lo que hay detrás es miedo a ser juzgados.

Tauro: No son vagos, simplemente es gente que hace las cosas a su ritmo y, aunque los intentes estresar, eso no va a ocurrir.

Géminis: No poseen dos caras, sino que tienen la mente muy abierta, exploran diferentes puntos de vista y por ello cambian de opinión tantas veces.

Cáncer: Seguramente sea uno de los signos del Zodiaco más sensibles, sí, pero no son unos llorones. Tienen su coraza bien puesta para que no los veas si ellos no quieren. Si los has visto llorar mucho es que estás dentro de su *inner circle*.

Leo: No todos quieren ser el centro de atención por su confianza en sí mismos, hay veces que usan este mecanismo para cubrir ciertas partes de su personalidad de las que se sienten inseguros.

Virgo: No son callados, ¡¡¡es un signo regido por Mercurio!!! Si están cómodos, igual no callan, de hecho, son de lo más cotilla del Zodiaco. Tampoco son unos locos de la limpieza. No. Simplemente tienden a enfocarse u obsesionarse por un tema y son expertos e incluso maniáticos con estas cuestiones.

Libra: Son indecisos, sí, pero si hay injusticias tienen la mecha corta. No van a aguantar algo que no vean que tenga sentido, ahí no dudan.

Escorpio: Se los pinta como los villanos del Zodiaco, y es que son pasionales para la venganza, pero también para lo bueno.

Sagitario: Son aventureros, sí, pero no se van a lanzar a cualquier aventura, solo harán lo que ellos creen que está alineado con sus valores.

Capricornio: No son tan fríos como parecen, tienen un gran mundo interior, pero no lo comparten porque creen que no se los va a entender, justamente por esa complejidad emocional.

Acuario: Se dice que son muy despegados, pero si estás dentro de su círculo son unos osos de peluche.

Piscis: Pueden parecer superficiales, pero nada más lejos de la realidad. Son personas introspectivas y muy sensibles, que no suelen compartir lo que les preocupa, de hecho, tienden a poner el foco en intentar ayudar a otros para evitar compartir su mundo emocional.

Una vez repasados los doce arquetipos de los signos del Zodiaco podemos empezar a usarlos para interpretar nuestra carta, en concreto comenzaremos por el *big 3*, como hemos dicho antes. Al principio igual nos cuesta un poco y es supernormal que tengas que volver a leer qué significan algunos signos con los que estés menos familiarizada (a mí me pasaba mucho con los leo, por ejemplo, que conozco menos).

¿QUÉ ES EL *BIG 3*?

Cuando oigas a la gente hablar del *big 3* —Los tres grandes en español—, se estarán refiriendo a tres posiciones superimportantes en tu carta: el Ascendente, el Sol y la Luna.

Hace un tiempo escuché a una persona que hablaba del *big 3* como un *cupcake*, pero creo que igual si pensamos en una tarta Sacher la analogía resulta incluso más clara:

- El glaseado de chocolate, por lo que venimos todos, es el Ascendente. Representa tu personalidad, cómo percibes el mundo y cómo te percibe la gente.
- El bizcocho, que también es clave, es el Sol. Este es la motivación que hay detrás, tu vitalidad, y también se interpreta como tu potencial.
- Ese sabor sorpresa a frambuesa que no esperas cuando pruebas esta tarta por primera vez es la Luna, que representa tu mundo emocional y lo que necesitas para sentirte segura y feliz.

Si quieres ir un paso más allá en tu interpretación puedes incluso mirar los elementos y modos de los signos del Zodiaco del *big 3* para saber si la persona tendrá algo muy marcado o muchas energías diferentes que lo compensan… ¡Esto nos dará más pistas!

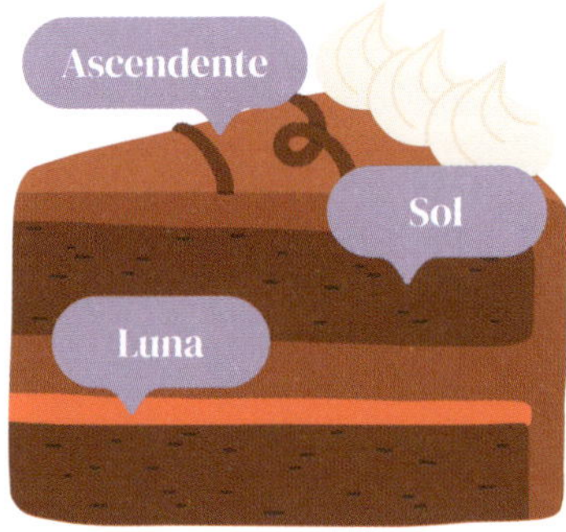

¿Dónde tienes tu *big 3*? Toma nota y sigue el ejemplo para interpretar el tuyo.

Veamos cómo desciframos el *big 3* fijándonos en las páginas anteriores de los signos del Zodiaco y usando la carta de Miriam.

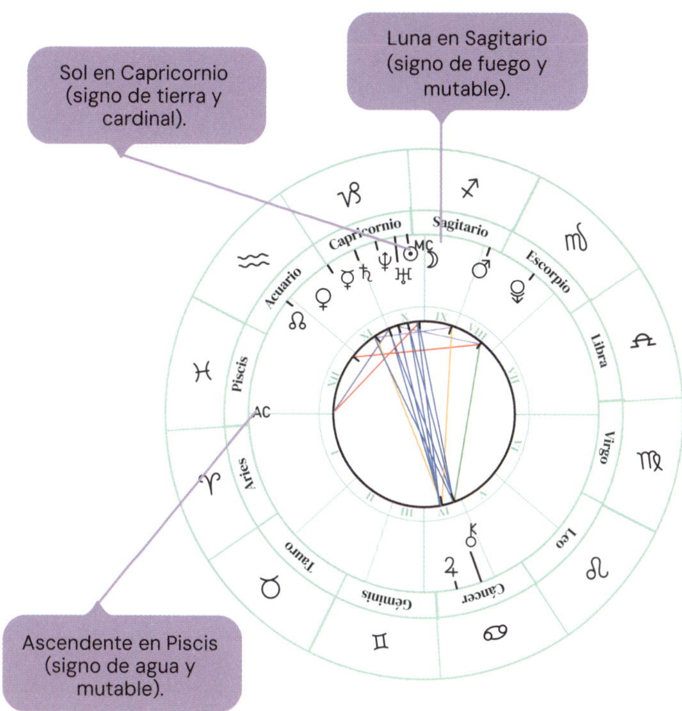

Vemos de primeras que es una carta que va a necesitar trabajo para integrar las diferentes energías de fuego, agua, tierra y mutabilidad con ser cardinal. De hecho, hablando con ella me contaba que siempre le decían que era capricornio y que ella no se identificaba nada con este signo, por lo que, cuando empezamos a hablar de su signo ascendente y su Luna, todo empezó a cuadrar.

Viendo su **signo ascendente en Piscis** podemos decir que Miriam se sentirá y la percibirán como una persona muy intuitiva, perceptiva, imaginativa, romántica y flexible, de esas personas a las que les cuesta decir que no porque no quieren herir a nadie. Esa energía mutable encaja bien con su **Luna en Sagitario**, que deja patente que también necesita para ser feliz tener mucha libertad y estimulación mental. Cuando la conoces, además, te das cuenta de que tiene un carácter sincero, es alegre, inquieta, optimista y sociable. Sin embargo, estas energías más «hippies» difieren de la de su Sol, que nos habla de cómo ella se expresa, sobre todo en el área de la carrera (casa 10) o cómo se puede llegar a expresar en un futuro, si integra las energías de su carta. Su **Sol en Capricornio** saca su lado más práctico, enfocado y ambicioso. Más adelante veremos bien cómo encaja esta parte, pero por ahora tomamos nota y nos quedamos con este punto para seguir investigando.

Astrocuriosidad: Que no te extrañe si cuando hables con gente se vuelven locos cuando dices que el signo ascendente es tu «personalidad» y no tu Sol. Hay corrientes que lo consideran así, ya que el ASC está en la casa 1, que nos habla de la identidad, los rasgos físicos, el carácter y que, además, es una casa angular, que son las que representan el presente. Además, el Ascendente organiza tu carta en las diferentes casas, ya que marca la casa 1, y es por eso también que, si leemos el horóscopo semanal, siempre debemos leerlo fijándonos en nuestro signo del Ascendente.

Sin embargo, hay diferentes corrientes que teorizan sobre este tema con distintos puntos de vista. Hay algunas que hablan del Sol como «el yo» y del Ascendente como lo que tienes que llegar a ser; otras se refieren al Ascendente como el «yo privado» y al Sol como el «yo público». Piensa que en el fondo estamos intentando conocernos mejor usando la carta astral, así que quédate con lo que más te resuene.

Vamos a ver otro ejemplo usando la carta de Vega, para que te ayude a entender cómo hacer tu propia interpretación:

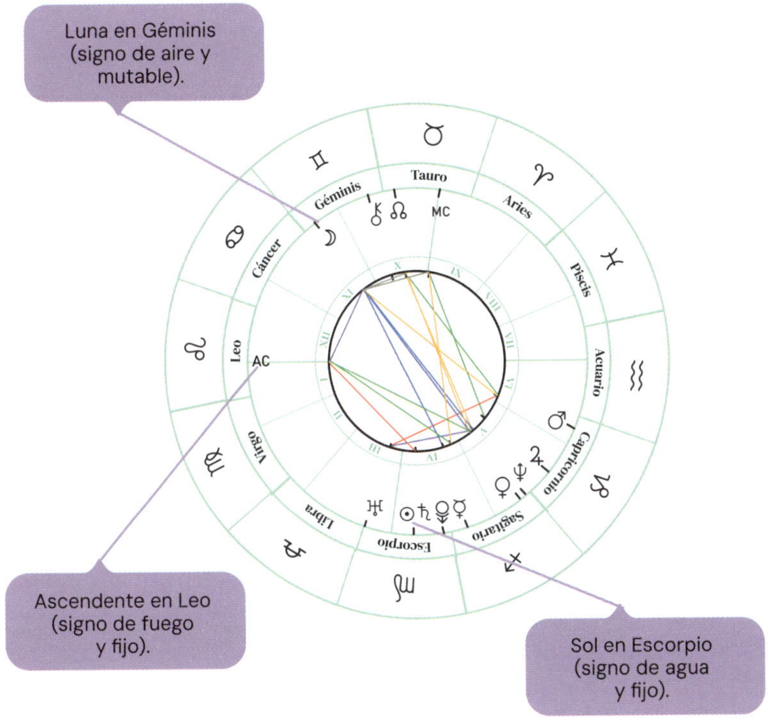

Tiene el **Sol en Escorpio**, lo que nos suele hablar de personas con un aura misteriosa, muy en contacto con sus sentimientos, superintuitivas, con mucha capacidad de regenerarse y muy leales con los suyos.

Seguramente la persona no se sienta al cien por cien identificada con Escorpio y es más probable que se sienta leonina, ya que tiene su signo **ascendente en Leo**, lo que suele responder a una persona carismática, valiente y orgullosa, que se siente muy cómoda y protagonista en el entorno familiar (al tener su sol en casa 4), pero a la que igual ser el centro de atención le haga sentirse insegura.

Sin embargo, el mundo afectivo de la persona está en el elemento aire, ya que tiene la **Luna en Géminis**. Por esto será una persona que para sentirse feliz y completa necesita mucha estimulación, seguramente venga de una familia intelectual o donde este tema se ha valorado mucho.

Y ahora pasamos a hacer la interpretación. Viendo esto nos encontramos a una persona de muchos contrastes, se la percibirá como generosa, leal, que lo da todo por los suyos y se podrá notar ese Sol escorpiano con una *vibe* misteriosa y un fondo muy sensible (una vez que haya ido integrando aprendizajes con los años). Sin embargo, su mundo afectivo necesita mucha variedad, no es fácil de contentar y necesita mucha estimulación y socialización.

Luego veremos cómo añadiendo más información de los aspectos, las casas y los planetas la carta coge más color y es más personalizada.

Por último, por si necesitas echar un vistazo rápido para una lectura te dejo esta tabla resumen para que puedas entender las características básicas de cada signo. Te cuento cuál es el planeta regente de cada uno (nos servirá más adelante) y unas pinceladas sobre cómo interpretarlo fácilmente.

Signo zodiacal		Planeta		Clave	Modalidad	Elemento	Personalidad
♈	Aries	♂	Marte	Yo soy	Cardinal	Fuego	Ambicioso, directo, activo, intolerante y competitivo.
♉	Tauro	♀	Venus	Yo tengo	Fijo	Tierra	Tenaz, ideas claras, de confianza, materialista y obstinado.
♊	Géminis	☿	Mercurio	Yo pienso	Mutable	Aire	Curioso, dotes de comunicación, inteligente e inconsciente.
♋	Cáncer	☽	Luna	Yo siento	Cardinal	Agua	Sensible, cariñoso, confiable, posesivo e inseguro.
♌	Leo	☉	Sol	Yo genero	Fijo	Fuego	Valiente, carismático, inspirador, controlador y arrogante.
♍	Virgo	☿	Mercurio	Yo examino	Mutable	Tierra	Confiable, detallista, servicial, crítico y obsesivo.
♎	Libra	♀	Venus	Yo me veo reflejado	Cardinal	Aire	Diplomático, idealista, carismático, poco sensible e indeciso.
♏	Escorpio	♇	Plutón	Yo deseo	Fijo	Agua	Misterioso, líder, intuitivo, impulsivo e independiente.
♐	Sagitario	♃	Júpiter	Yo entiendo	Mutable	Fuego	Espíritu aventurero, optimista, de mente abierta, descuidado e impaciente.
♑	Capricornio	♄	Saturno	Yo uso	Cardinal	Tierra	Trabajador, ambicioso, orientado a objetivos, obstinado e insistente.
♒	Acuario	♅	Urano	Yo cambio	Fijo	Aire	Original, tolerante, con visión de futuro, excéntrico e independiente.
♓	Piscis	♆	Neptuno	Yo creo	Mutable	Agua	Místico, intuitivo, creativo, poco realista y descuidado.

9

PASO 7: PLANETAS, ASTEROIDES Y PUNTOS CRÍTICOS

No creas que nos vamos a quedar solo con el *big 3*, a continuación, conoceremos los planetas astrológicos, los asteroides y los puntos críticos clave de tu carta astral. Para que no sea tan pesado de leer para ti, cuando hable de este grupo me referiré a los planetas, pero ya sabes que ahí incluimos también asteroides y puntos críticos. Pero antes de seguir te explico qué son estos:

- Los planetas astrológicos que aparecen en tu carta astral no coinciden con los astronómicos; por ejemplo, el Sol no es un planeta ni tampoco Plutón. En este libro, como en astrología moderna, seguiremos llamándolos «planetas», pero simplemente quería confirmarte que sabemos que astronómicamente no es así.
- Los asteroides son cuerpos celestes de menor tamaño que los planetas. Hay muchos, pero nos solemos fijar en dos claves que luego te explicaré: Quirón y Lilith.
- Los puntos críticos o relevantes son cálculos matemáticos que nos ayudan a organizar tu carta, como el Ascendente o el Medio Cielo, que te comentaré más adelante.

Cuando estamos leyendo una carta astral interpretamos los planetas (asteroides y puntos relevantes) como los agentes que intervienen en el contexto, es el «qué está pasando» dentro de una casa concreta (área de la vida) en un signo del Zodiaco (el cómo). Cada planeta está relacionado con ciertas características energéticas, como hemos visto antes, la Luna nos habla de nuestro mundo emocional y el Sol de nuestro potencial o expresividad. Es importante mirar también los aspectos de dicho planeta, que veremos en el noveno capítulo, para hacer una lectura completa.

Empezaremos entendiendo cuáles son los planetas principales para luego ver los asteroides y otros puntos relevantes.

LOS PLANETAS:

Son los diez elementos principales en los que hay que fijarse dentro de este grupo, y se dividen en cuatro categorías, te las ordeno según su importancia:

Las luminarias (parte del *big 3*): Son el Sol (☉) y la Luna (☽) que ya vimos cuando analizamos el *big 3*. Pero como recordatorio cuando estamos interpretando en nuestra carta:

- El **Sol** nos habla de la luz que irradiamos, nuestra vitalidad, nuestro potencial, es decir, lo que podremos llegar a ser si integramos las diferentes fuerzas de nuestra carta.
- La **Luna** nos habla de nuestro mundo emocional, de nuestro inconsciente, nuestros instintos y lo que necesitamos para sentirnos seguros.

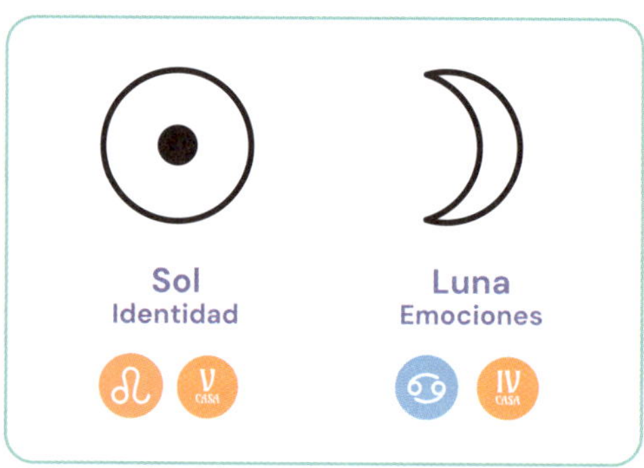

Planetas personales: Son los planetas más cercanos a nosotros después de las luminarias: Mercurio (☿), Venus (♀) y Marte (♂). Son los que se mueven más rápido y por ello resultan los más importantes para la interpretación de la carta, ya que son bastante «personales» las posiciones en las que se encuentran, que varían mucho de persona a persona.

- **Mercurio** en tu carta astral nos habla de la manera de pensar, por ejemplo, en Géminis se referirá a alguien que va a mil revoluciones. También habla de cómo te comunicas, cuál es tu estilo o qué temas te producen mucha curiosidad. Por ejemplo, una persona con Mercurio en Virgo tendrá una cabeza superorganizada, será muy charlatana y analítica, le gustará entenderlo todo sobre el tema que le interese.

- **Venus** representa las maneras en las que nos conectamos con otros y expresamos nuestro amor, nuestros gustos y también la energía que atraemos. Hay veces que se confunde con la Luna, pero pensemos que Venus cubre un nivel un poco más superficial y trata también de las relaciones con el otro. Por ejemplo, una persona que tiene Venus en Aries es alguien que será poco «venusino», será independiente en sus relaciones, necesitará libertad y no perder su individualismo, su manera de conectar o de demostrar amor será más brusca, incluso puede que parezca que son poco cariñosos y pueden tener gustos muy llamativos.

- **Marte** nos habla de cómo reaccionamos ante las situaciones, cuál es nuestro temperamento y también hace referencia a la pasión, el deseo y lo que nos atrae. Desde un punto de vista más literal también apela a la fuerza física y mental. Por ejemplo, un Marte en Tauro será una persona tranquila, que no se altera ante imprevistos, pero para la que cumplir sus deseos y tener la parte pasional cubierta en sus relaciones será su prioridad.

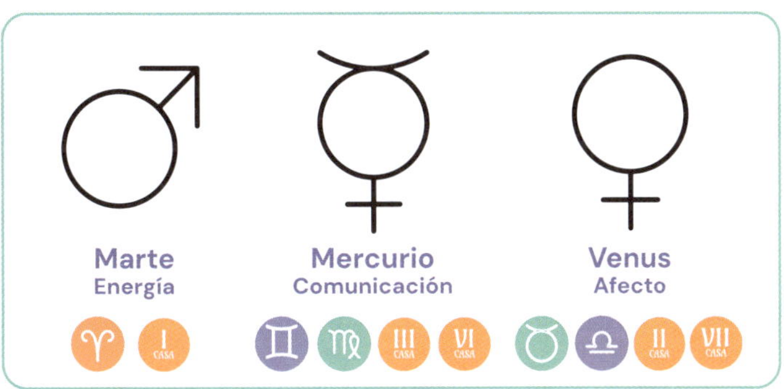

Veamos el ejemplo de Miriam, recordemos que tenía **signo ascendente en Piscis**, es sensible e imaginativa con una **Luna en Sagitario** que la hace independiente y aburrirse rápido, y su **Sol en Capricornio** le aporta ese potencial con una parte más práctica y enfocada. Para conocerla un poco más analicemos sus planetas personales.

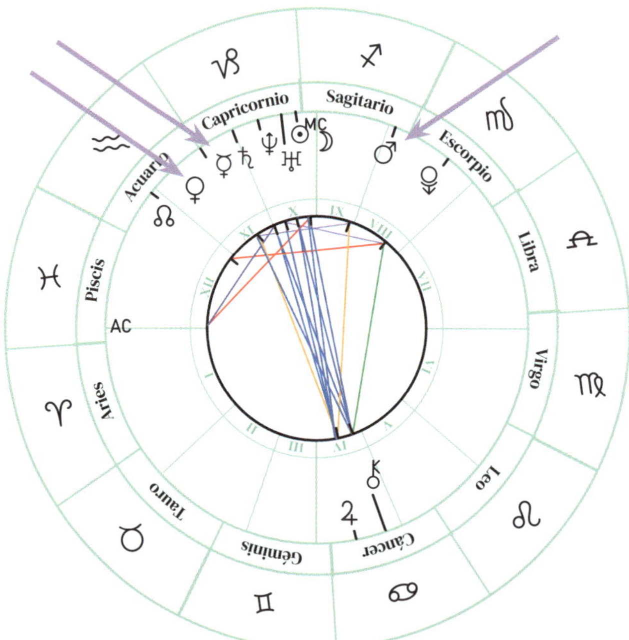

- **Mercurio en Capricornio (pero al ras de Acuario):** Miriam es una persona que se comunica de una manera estructurada, práctica, pero tendrá un toque diferente y original.
- **Venus en Acuario:** Como vimos en su Luna, es alguien independiente, algo que va a ser clave para sus relaciones, no se comprometerá fácilmente, pues valora muchísimo su individualidad.
- **Marte en Sagitario:** Sus acciones están motivadas por sus valores o ideales y se siente atraída por toda aventura que esté alineada con su modo de ver la vida.

Con esto ya podemos empezar a sintetizar y llegar a la interpretación de la carta de Miriam. Es una persona con un gran mundo interior y sensibilidad, con unos valores claros, humanitarios y que necesita mucha estimulación.

Revisa tu carta y toma nota de tus luminarias y planetas personales.

Astrocuriosidad: ¿Has visto algún planeta en tu carta con el símbolo *Rx* al lado? Significa que el planeta estaba retrógrado en el momento y lugar en que naciste. ¡Tranquila! Tener planetas retrógrados en tu carta es supernormal, así que no nos estresemos. Solamente quiere decir que la energía de ese planeta hay que integrarla haciendo más trabajo de introspección, y en los primeros años de tu vida puede parecer que esa energía está «escondida» o que tarda un poco más en salir a la luz.

Los planetas retrógrados tienen mala fama por el famoso «Mercurio retrógrado», que es tan solo un tránsito que ocurre varias veces al año. Este fenómeno es muy conocido porque se dice que es una época donde nadie se entiende, la tecnología no funciona...

Seguimos con el siguiente set de planetas:

Planetas sociales: Son Júpiter (♃) y Saturno (♄). Son planetas cercanos a nosotros, pero se mueven algo más lento que los personales. Por ello, su interpretación va más allá de lo personal, con temas colectivos y factores motivacionales.

- **Júpiter** en tu carta astral representa al sabio, la filosofía de vida, pero también nos habla de un área de expansión, de prosperidad. De hecho, se suele relacionar con la suerte y los buenos augurios. Por ejemplo, un Júpiter en Tauro nos habla de una persona que puede tener buenas oportunidades en su vida para ganar más dinero o tender al gasto excesivo, habrá que ver la casa en la que está, los aspectos y cómo tiene esto integrado el individuo.

- **Saturno** te indica un área donde nos podemos encontrar con limitaciones, y nos pedirá más perseverancia para conseguir nuestros objetivos. También nos puede hablar de conflictos con la autoridad y de tener mucho sentido de la responsabilidad. Por ejemplo, si una persona tiene a Saturno en Acuario, podemos entender que es alguien que no cumple con las normas sociales, al que incluso a veces le cuesta encajar. También será una persona que necesitará combinar una estructura y un orden con su ansia de libertad.

Siguiendo con el ejemplo de Miriam, ella tiene a **Júpiter en Cáncer,** el signo que representa el cariño, la sensibilidad… Esto nos puede hablar de que ha tenido una muy bonita infancia, con influencias intelectuales, y nos podría hablar también del tipo de hogar que quiere tener en un futuro. Hay que ir con mucho ojo, porque también tiene ahí a Quirón, un asteroide que veremos en las próximas páginas y que en este caso nos puede decir que está muy cómoda en ambientes familiares y que por falta de confianza no se lanza a hacer proyectos más arriesgados.

Por otro lado, tiene su **Saturno en Capricornio**, que está supercómodo en este signo y nos cuenta cómo ella, a pesar de esa sensibilidad, tiene mucha fuerza de voluntad, y es muy seria con lo que se propone, echará las horas que hagan falta. Sin embargo, esto también la hace más conservadora y a veces se olvida de sus relaciones personales.

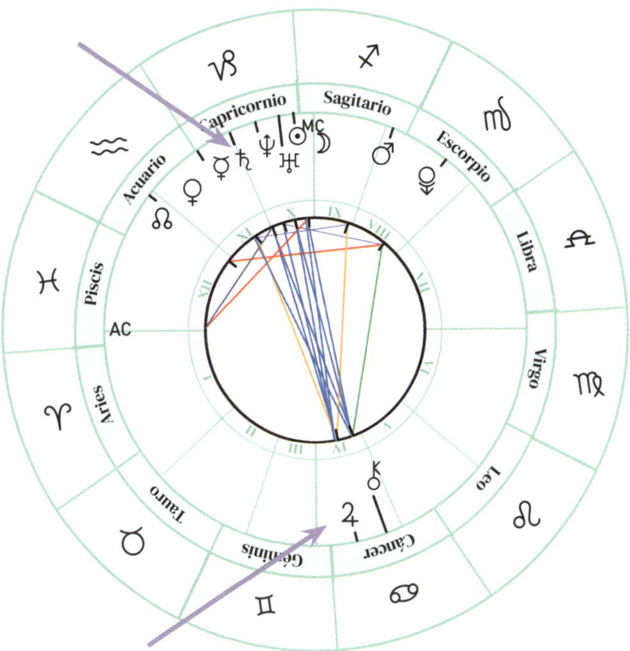

Astrocuriosidad: Entre los veintiocho y los treintaiún años se suele vivir lo que se conoce como «la crisis de los treinta», algo que en astrología llamamos tu primer retorno de Saturno, que pasa cada treinta años aproximadamente. Cuando usamos la astrología de tránsitos, con la que se hacen los horóscopos semanales, esta revisa dónde están los planetas actualmente y hace *match* de esa información con tu carta natal. Así podemos ver cuándo Saturno vuelve a la misma posición que en tu nacimiento, y eso implica un cambio muy grande en tu vida, en concreto en el ámbito de la casa donde se encuentra.

Planetas transpersonales: Son Urano (♅), Neptuno (♆) y Plutón (♇), los planetas más lejanos y que se mueven más lento, por ello coincidirán en el mismo signo para la misma generación y se interpretan más a este nivel cuando hablamos de los signos del Zodiaco. De hecho, nos fijamos más en las casas de estos planetas, ya que es un indicador más único para cada carta. Por ejemplo, los nacidos en los años de 1984-1995 tienen Plutón en Escorpio, y es por ello que, cuando lo estamos interpretando, nos fijamos en el signo para entender a qué generación perteneces, y para comprender cómo te afecta personalmente miramos la casa, que te explicaré justo en el próximo capítulo.

- **Urano** nos habla de cambios, pero con un enfoque diferente, con vistas a lo nuevo, con un toque rebelde. Se asocia con la innovación y el progreso, pero también con la irresponsabilidad y la rebeldía sin causa. Si has nacido entre 2010 y mediados de 2018, entonces perteneces a la generación de Urano en Aries. A esta generación se los conoce como los que vuelven a reivindicar la individualidad, de hecho, es la época donde se asentó el *boom* de las selfis y los influencers.
- **Neptuno** se considera el planeta de los sueños y la inspiración. También tiene mucho que ver con la espiritualidad y la intuición. Y en el lado negativo rige también la confusión, el engaño y está relacionado con las adicciones. Por ejemplo, las personas que hayan nacido a partir de 2011 pertenecen a la generación de Neptuno en Piscis. Estas serán personas más abiertas a temas espirituales y místicos que otras generaciones. También tendrán una actitud más idealista y darán más importancia a las causas humanitarias.
- **Plutón** rige todo lo que queda escondido y es conocido por ser el planeta de la transformación y el renacer. Representa los finales y los nuevos comienzos, pero también se relaciona mu-

cho con la ambición y la obsesión. Por ejemplo, a los *millennials*, que nacieron entre 1983 y 1995, se los considera la generación que viene a sacar a la luz tabúes para proteger a los más vulnerables, de hecho, es una generación que ha luchado mucho por los derechos LGTBIQ+, el feminismo...

Para ver cómo estas energías de los planetas transpersonales se expresan en concreto en tu carta en el próximo capítulo hablaremos de otro concepto: las casas.

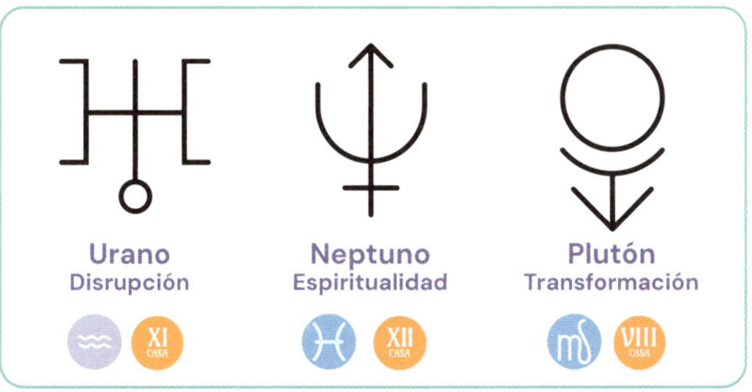

Astrocuriosidad: Seguro que si sigues los temas de astrología en redes has escuchado que estamos en la Era de Acuario. Este término se acuñó primero en los años sesenta y ahora se habla de él de nuevo porque Plutón ha entrado en Acuario viniendo de Capricornio. Esto es astrología de tránsitos, que analiza cómo se mueven los planetas sobre las cartas natales, y al ser un planeta transpersonal los efectos se notan más bien a nivel social. Los astrólogos que hablan de este tema nos dicen que pasaremos de una época capricorniana, donde hemos estado más obsesionados con las apariencias, el estatus y conseguir dinero, a otra de cambios revolucionarios, ya que la última vez que Plutón estuvo en Acuario fue durante la Revolución francesa y la Revolución Industrial.

A continuación, te dejo unas páginas con más detalle acerca de los diez planetas principales que acabamos de ver, para que puedas consultarlas rápidamente cuando estés interpretando tu carta y para que extiendas un poco tu conocimiento sobre ellos. Las páginas contienen esta información:

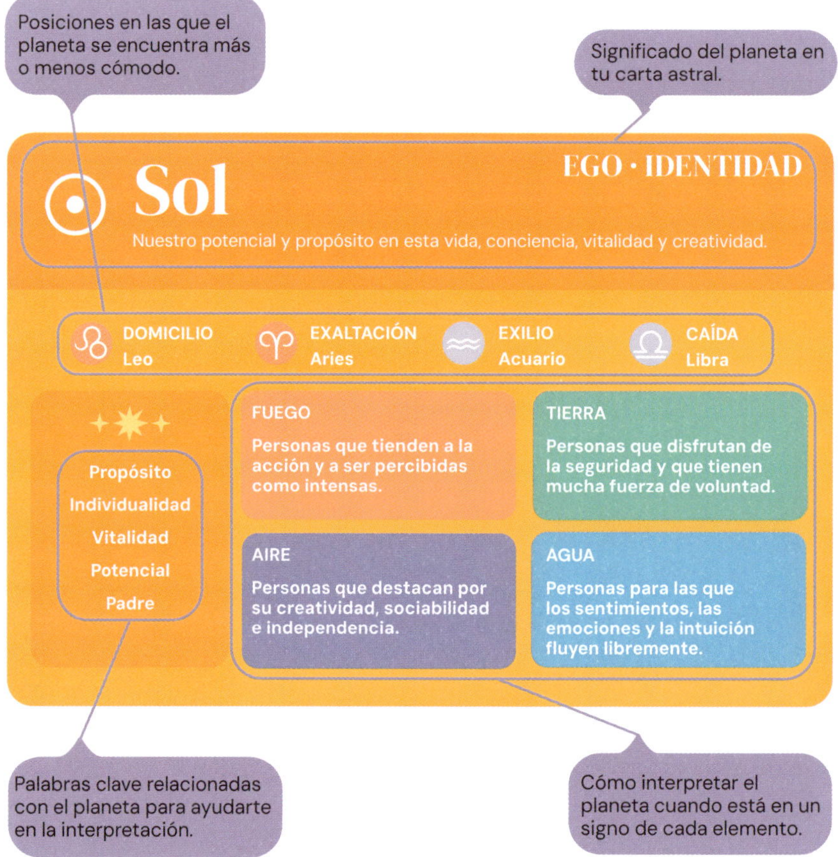

Como verás, en estas páginas incluimos un nuevo concepto: las dignidades de los planetas, esto es, la caída, la exaltación, el exilio y el domicilio de los planetas. Estas nos hacen la vida más fácil al interpretar la carta, porque nos permiten entender si un planeta puede hacer su función más fácil en un signo o no. Por ejemplo, Venus es el planeta que quiere crear relaciones y que busca la belleza y la armonía. Si está en Aries se encuentra en exilio, porque Aries, signo de Marte, lo que quiere es liderar, ser independiente, reactivo, y son energías digamos un poco contrarias. Por ello, alguien con Venus en Aries será algo diferente a la norma cuando tenga relaciones, necesitará mucho espacio, independencia... Te explico en concreto qué significan cada uno de los conceptos de las dignidades:

- **Domicilio:** Signo que rige el planeta. Indica armonía, manifestaciones fuertes y oportunas.
- **Exilio:** Influencia inarmónica, forzada por posibles efectos negativos. Al planeta le cuesta hacer su función.
- **Exaltación:** Signo donde el planeta ejerce mayor influencia.
- **Caída:** Signo con debilidad respecto a la función del planeta. Al planeta le cuesta hacer su función.

Y ahora saca tu carta y toma nota de dónde tienes cada planeta más allá de tu *big 3*. Con las siguientes páginas de detalle incluso puedes empezar a esbozar pinceladas de la interpretación:

Sol

EGO · IDENTIDAD

Nuestro potencial y propósito en esta vida, conciencia, vitalidad y creatividad.

DOMICILIO Leo

EXALTACIÓN Aries

EXILIO Acuario

CAÍDA Libra

Propósito
Individualidad
Vitalidad
Potencial
Padre

FUEGO
Personas que tienden a la acción y a ser percibidas como intensas.

TIERRA
Personas que disfrutan de la seguridad y que tienen mucha fuerza de voluntad.

AIRE
Personas que destacan por su creatividad, sociabilidad e independencia.

AGUA
Personas para las que los sentimientos, las emociones y la intuición fluyen libremente.

Luna

EMOCIONES · HUMOR

Nuestro mundo emocional, inconsciente e instintivo. Nos habla de lo que necesitamos para sentirnos seguros.

DOMICILIO Cáncer

EXALTACIÓN Tauro

EXILIO Capricornio

CAÍDA Escorpio

Necesidades emocionales
Intimidad
Expresión emocional
Madre
Inconsciente
Seguridad

FUEGO
Personas expresivas, espontáneas y pasionales.

TIERRA
Personas sensatas y pragmáticas, que tienden a ser más conservadoras.

AIRE
Personas que necesitan de los otros, muy sociables y curiosas.

AGUA
Personas sensibles, con necesidad de conexión emocional y afectividad.

Mercurio

COMUNICACIÓN · MENTE

Nuestro intelecto, procesos mentales, intereses, preocupaciones, cómo nos comunicamos y tomamos decisiones.

 DOMICILIO
Gém. / Virgo

 EXALTACIÓN
Acuario

 EXILIO
Sag. / Piscis

 CAÍDA
Leo

Inteligencia
Pensamiento
Comunicación
Aprendizaje

FUEGO
Personas espontáneas, extrovertidas y muy expresivas, de mente ágil.

TIERRA
Personas que van directas al grano y que piensan de manera muy realista y práctica; prefieren la concreción.

AIRE
Personas más dispersas en sus intereses al ser muy curiosas, sociables e inquietas. Tienen un don especial para la comunicación.

AGUA
Personas que para tomar decisiones tienen en cuenta su sensibilidad e intuición y son capaces de entender a los demás casi sin hablar.

Venus

AMOR · AFECTO

Cómo conectamos con otros y expresamos nuestro amor, nuestros valores, gustos y la energía magnética que atraemos.

 DOMICILIO
Tauro / Libra

 EXALTACIÓN
Piscis

 EXILIO
Esc. / Aries

 CAÍDA
Virgo

Manera de dar y recibir afecto
Estética
Gustos personales
Disfrute

FUEGO
Personas que se sienten atraídas por lo activo, se aburren rápido, son impacientes e independientes en las relaciones.

TIERRA
Personas a las que las atraen las relaciones estables y que aprecian mucho los pequeños placeres.

AIRE
Personas que buscan un estímulo intelectual en sus relaciones, y necesitan mucho de los demás al ser muy sociables. Tienden a idealizar al otro.

AGUA
Personas que valoran por encima de todo la empatía, buscan una relación profunda y sentirse seguras.

♂ Marte

AGRESIÓN · AFIRMACIÓN

Nuestra forma de reaccionar, temperamento, manera de expresar la pasión y el deseo. Nos habla también de lo que nos atrae y de nuestra fuerza física y mental.

DOMICILIO Aries / Esc.

EXALTACIÓN Capricornio

EXILIO Libra / Tauro

CAÍDA Cáncer

Gestionar y expresar impulsos

Competitividad

Sexualidad

Ira

Lo que te atrae

FUEGO

Personas con un temperamento fuerte, directas, se perciben como poderosas y con determinación.

TIERRA

Personas que no reaccionan a la primera de cambio, sino que trabajan lo que quieren y no les importa esperar. Muy pasionales.

AIRE

Personas que tienden a retrasar sus decisiones y dispersas.

AGUA

Personas que reaccionan con base en cómo les hace sentir lo que haya ocurrido, o lo que siga su intuición.

♃ Júpiter

SUERTE · EXPANSIÓN

Nuestra oportunidad de crecimiento y prosperidad. Representa a alguien sabio y nuestra filosofía de vida. También está relacionado con la suerte y los buenos augurios.

DOMICILIO Sag. / Piscis

EXALTACIÓN Cáncer

EXILIO Gém. / Virgo

CAÍDA Capricornio

Crecimiento

Suerte

Expansión

Abundancia

Sabiduría

Filosofía de vida

FUEGO

Personas con mucha vitalidad, confianza en sí mismas y que aprovechan las oportunidades que se les presentan con mucha fuerza.

TIERRA

Personas buenas detectando oportunidades y muy prácticas en la manera de aprovecharlas o tomar decisiones.

AIRE

Personas que valoran el aprendizaje, se las considera influyentes y están muy abiertas a aprender.

AGUA

Personas con una filosofía de vida muy abierta y fluida, creativas e imaginativas ante las oportunidades que les llegan.

♄ Saturno

LÍMITES · RESPONSABILIDAD

Nuestras limitaciones, perseverancia, sentido de la responsabilidad y el área que debemos trabajar.

 DOMICILIO Cap. / Acuario

 EXALTACIÓN Libra

 EXILIO Cáncer / Leo

 CAÍDA Aries

Fomenta la madurez
Trabajo duro
Potencial
Temor
Insatisfacción
Inseguridad
Restricción

FUEGO
Personas que obtienen seguridad dándoles validez a su identidad e intuición.

TIERRA
Personas que obtienen seguridad en la dimensión tangible (lo económico, la posición social...).

AIRE
Personas que obtienen seguridad en el plano intelectual, comunicativo y relacional.

AGUA
Personas que obtienen seguridad en el mundo emocional y a través de vínculos afectivos.

♅ Urano

INNOVACIÓN · PROGRESO

Lo que hacemos diferente, un área de rebeldía, innovación y progreso.

 DOMICILIO Acuario

 EXILIO Leo

Cambio
Rebeldía
Nuevas perspectivas
Diferencia

FUEGO
La innovación recae en la acción y la individualidad, lo que se traduce como progresismo y excentricidad.

TIERRA
La innovación recae en la independencia material mediante medidas concretas.

AIRE
La innovación recae en promover la libertad de pensamiento y redefinir las relaciones sociales.

AGUA
La innovación recae en el modo de entender las emociones, lo que significa que tendrá un interés humanitario e independencia.

Neptuno

SUEÑOS · IMAGINACIÓN

Nuestra imaginación, trascendencia, donde queremos soñar y liberarnos de las limitaciones de la vida.

DOMICILIO
Piscis

EXILIO
Virgo

Sensibilidad
Espiritualidad
Intuiciones
Problemas para poner límites
Ilusiones
Desengaños

FUEGO
Buscar la trascendencia en los propios actos teniendo en cuenta lo colectivo.

TIERRA
Necesidad de diálogo entre lo espiritual y lo material para concretizar.

AIRE
Tendencia al idealismo y a racionalizar lo inconsciente.

AGUA
La idea del servicio al resto desde la empatía está potenciada y proporcionará aprendizajes.

Plutón

CAMBIO · RENACIMIENTO

Nuestro poder de transformación, donde tenemos que enfrentarnos a nuestros miedos y obsesiones. También representa nuestra ambición.

DOMICILIO
Escorpio

EXILIO
Tauro

Crisis
Renovación
Transformación
Poder
Renacimiento
Ambición

FUEGO
Persona con una voluntad transformadora que genera cambio, pero con mucha ambición de poder.

TIERRA
Persona con la capacidad de cambiar lo que no funciona en el ámbito práctico.

AIRE
Persona con la capacidad de cambiar las formas de relacionarse y los paradigmas.

AGUA
Persona en la que sus miedos y fobias conviven con una gran capacidad de regeneración.

Te dejo aquí una tabla resumen para que revises rápidamente si lo necesitas las dignidades de los planetas:

	Planetas	Domicilio	Exilio	Exaltación	Caída
☉	Sol	Leo	Acuario	Aries	Libra
☽	Luna	Cáncer	Capricornio	Tauro	Escorpio
☿	Mercurio	Géminis Virgo	Sagitario Piscis	Acuario	Leo
♀	Venus	Tauro Libra	Escorpio Aries	Piscis	Virgo
♂	Marte	Aries Escorpio	Libra Tauro	Capricornio	Cáncer
♃	Júpiter	Sagitario Piscis	Virgo Géminis	Cáncer	Capricornio
♄	Saturno	Capricornio Acuario	Cáncer Leo	Libra	Aries
♅	Urano	Acuario	Leo	Géminis o ninguno	Sagitario o ninguno
♆	Neptuno	Piscis	Virgo	Sagitario o ninguno	Géminis o ninguno
♇	Plutón	Escorpio	Tauro	Leo o ninguno	Acuario o ninguno

No te olvides de ir tomando nota de lo que ves en tu carta. ¿Dónde tienes los planetas? ¿En qué signos?

ASTEROIDES Y OTROS PUNTOS CRÍTICOS

Los asteroides se han incluido recientemente en el estudio de la astrología. Cuando sacas tu carta astral en sitios como <astro.com> suelen incluir ciertos asteroides y puntos relevantes. Se pueden ampliar, pero vamos a cubrir los básicos y más importantes:

- **El Ascendente (ASC):** es parte de nuestro *big 3* y nos habla de tu personalidad y de cómo te percibe la gente. Marca la casa 1 de tu carta.

Astrocuriosidad: ¿Qué pasa si tienes tu signo ascendente en los últimos grados de un signo? Para mí es como lo que pides *versus* lo que compras, las cosas no son lo que parecen. Si tienes tu signo ascendente en los últimos grados, entonces la mayoría de tu casa 1 estará en otro signo y por ello la interpretación es un poco diferente en ese caso. Por ejemplo, si eres de signo ascendente Géminis grado 28, la mayoría de tu casa 1 estará en Cáncer, por lo que la gente puede que te perciba como esa mariposa social, supercuriosa y charlatana, pero en el fondo cuando te conocen bien se dan cuenta de que prefieres tu círculo de siempre de amigos y familia, eres muy leal, cariñosa y mucho más sensible de lo que parecías. El signo que ocupa la mayoría de nuestra casa 1 pasaría a ser un elemento secundario que considerar cuando vemos el ascendente, especialmente si hay planetas en ese signo.

- **El Descendente (DC):** es justo la casa opuesta al Ascendente, la casa del otro, la 7. Representa las características que nos atraen de otras personas para relacionarnos con ellas en el largo plazo, como por ejemplo para crear una empresa o casarnos con esa persona.

- **El Medio Cielo (MC):** está en la casa 10 y nos habla de tus aspiraciones, tu propósito en esta vida y cómo te conoce la gente, es decir, tu reputación. Por ejemplo, una casa 10 en Géminis nos habla de alguien que puede que tenga varios cambios de carrera a lo largo de su vida y que en esta los contactos, la comunicación y su intelecto sean una parte clave. De hecho, su carrera y reconocimiento serán fundamentales en su vida, donde pondrá mucha energía.

- **El Bajo Cielo (IC):** es el punto contrario al MC, en la casa 4, y representa las raíces, la base de quién eres hoy y tu esencia, tu yo más íntimo. Nos puede hablar de cuál es tu refugio emocional.

- **El Nodo Norte (☊):** se usa para indicarnos qué lecciones debes aprender o desarrollar en esta vida. Si tienes tu Nodo Norte en Sagitario quiere decir que tienes que salir del plano teórico, profundizar más en los temas, aventurarte a experimentar nuevas cosas y compartir ese conocimiento y convertirte en el maestro.

- **El Nodo Sur (☋):** representa las características que te resultan más naturales, es lo que ya dominas y conoces. Siguiendo el ejemplo anterior, esa persona tendrá su Nodo Sur en Géminis. Por ello, estará muy en sintonía con tu lado más mental, con curiosear y aprender de muchos temas.

- **Quirón (⚷):** es el área donde sentimos algo que nos limita, podemos llamarlo nuestro talón de Aquiles, pero justamente eso la hace ser un área donde hay mucho potencial de crecimiento y para brillar. Por ejemplo, un Quirón en Leo nos puede hablar de alguien con mucho miedo a estar en el centro, a liderar, pero con mucho potencial para hacerlo muy bien.

Estos no siempre están incluidos, pero por si acaso los comentamos, ya que se suelen buscar mucho:

- **Lilith (⚸):** conocida como la «luna negra», representa el poder femenino escondido o el lado oculto de una persona, donde valoramos más la libertad.

- **Punto de Fortuna (⊗):** dependiendo de la casa y el signo donde caiga nos hablará de un área donde la persona puede encontrar el éxito y la prosperidad.

Y por último vamos a hablar del regente de tu carta, que será un planeta que pasa a ser de los más importantes de tu carta después del *big 3*. No lo encontraremos como tal en la carta astral, sino que tendremos que «calcularlo» nosotras mismas.

- **El regente de tu carta** nos ayuda a completar la interpretación del ascendente. Para encontrarlo tenemos que seguir estos pasos:
    1. ¿Cuál es nuestro ascendente?
    2. ¿Cuál es el planeta que rige mi ascendente? Usa esta tabla para encontrarlo rápido. Habría que darle especial importancia a ese planeta cuando interpretes tu carta.

Signo del Zodiaco	Planeta regente
Aries	Marte
Tauro	Venus
Géminis	Mercurio
Cáncer	Luna
Leo	Sol
Virgo	Mercurio
Libra	Venus
Escorpio	Plutón
Sagitario	Júpiter
Capricornio	Saturno
Acuario	Urano
Piscis	Neptuno

3. ¿Dónde está el planeta regente de mi signo ascendente? Esto nos dirá de qué manera expresarás la energía de ese planeta y nos completará la interpretación del ascendente.

Siguiendo el ejemplo de Miriam, que es de signo ascendente Piscis, entendemos que tendremos que mirar en qué casa cae su Neptuno, y darle más importancia a pesar de que sea un planeta transpersonal, porque es el regente del Ascendente. En este caso vemos que estaría en Capricornio, lo que nos vuelve a hablar de una personalidad muy soñadora e imaginativa, pero con un toque práctico y ambicioso, o sea, se suma a esa mezcla de piscis y capricornio que ya tenía ella en su *big 3*.

10

PASO 8: CASAS

Seguro que ya tienes una idea más concreta de las energías de tu carta, y estarás viendo cosas que te cuadren, otras que te generen dudas y algunas que no veas. Pero es normal, ¡aún nos queda un poco! Ya sabemos de elementos, modos, dispersiones de planetas, e incluso de signos y planetas. Ahora vamos a ver las casas. En tu carta natal las casas representan las diferentes áreas de la vida, las que interpretamos como el «dónde» ocurren ciertas cosas (representadas por los planetas) y de qué manera (signos).

Al igual que simplificamos y dividimos la eclíptica en doce signos, también lo hacemos en doce espacios que ocupan las casas. Cada una representa una temática relevante para nuestra vida: el yo, la familia, el dinero, la pareja... Y cada una de ellas está asociada a un signo del Zodiaco. Por ejemplo, la casa 1 es la de la identidad y está vinculada con el signo de Aries, que se enfoca mucho en el yo, el individualismo... Esta tabla nos puede ayudar a entender un poco más rápido la temática de cada una:

Casa	Significado	Signo del Zodiaco
1: Identidad	El yo, cómo se me percibe, mi apariencia y mi forma de ser. También rige los inicios.	Aries
2: Recursos y posesiones	Los recursos o atributos actuales o esperados que te darán seguridad. Finanzas y bienes inmuebles.	Tauro
3: Comunicación	La actitud mental, la manera de pensar y comunicarte. También educación básica, viajes cortos y los hermanos y vecinos.	Géminis
4: Hogar y yo privado	Tu relación con tu hogar, familia y cómo eres en la intimidad. Tu infancia, cómo cuidas de los demás.	Cáncer
5: Creatividad, romance e hijos	Los hijos en sentido literal o figurado (proyectos personales), romances cortos o platónicos, tus aficiones, creatividad y diversión.	Leo
6: Rutina, salud y servicio	El servicio a los demás, la salud física y mental y las rutinas.	Virgo
7: Asociaciones y matrimonio	Las relaciones a largo plazo, muy cercanas (parejas o socios).	Libra
8: Transformación y sexualidad	La capacidad de transformación y adaptación, sexo, ambición, temas ocultos, recursos materiales de otros y el inconsciente personal.	Escorpio
9: Filosofía y viajes	Tu filosofía de vida, creencias, educación superior, representa maestros de vida, experiencias en el extranjero y viajes largos.	Sagitario
10: Carrera y reconocimiento	Tu carrera, el reconocimiento y el estatus social.	Capricornio
11: Amigos y sueños	Comunidades o grupos de amigos, causas humanitarias y nuestros sueños y deseos.	Acuario
12: Espiritualidad, inconsciente y aislamiento	Lo que está bajo la superficie: el inconsciente colectivo heredado de nuestra familia, talentos ocultos, fantasías, aislamiento, espiritualidad y habilidades psíquicas.	Piscis

Para interpretar la carta con esto en mente, iremos mirando cada casa una a una, en qué signos del Zodiaco están y si tienen o no planetas.

Astrocuriosidad: Si ves que alguna casa no tiene planetas, no te preocupes, esto no quiere decir nada malo o que no sea una casa importante para ti. Si tienes mucho interés en entenderlo, puedes hacer este análisis un poco más avanzado. Revisa cuál es el signo en la cúspide de la casa (la línea que empieza la casa, te dejo abajo un gráfico para que entiendas qué es) y busca su planeta regente (por ejemplo, si tienes la casa en Géminis, su regente es su planeta, Mercurio). Viendo ese planeta y ese signo te puedes hacer una idea de cómo saldrá esa temática en tu vida.

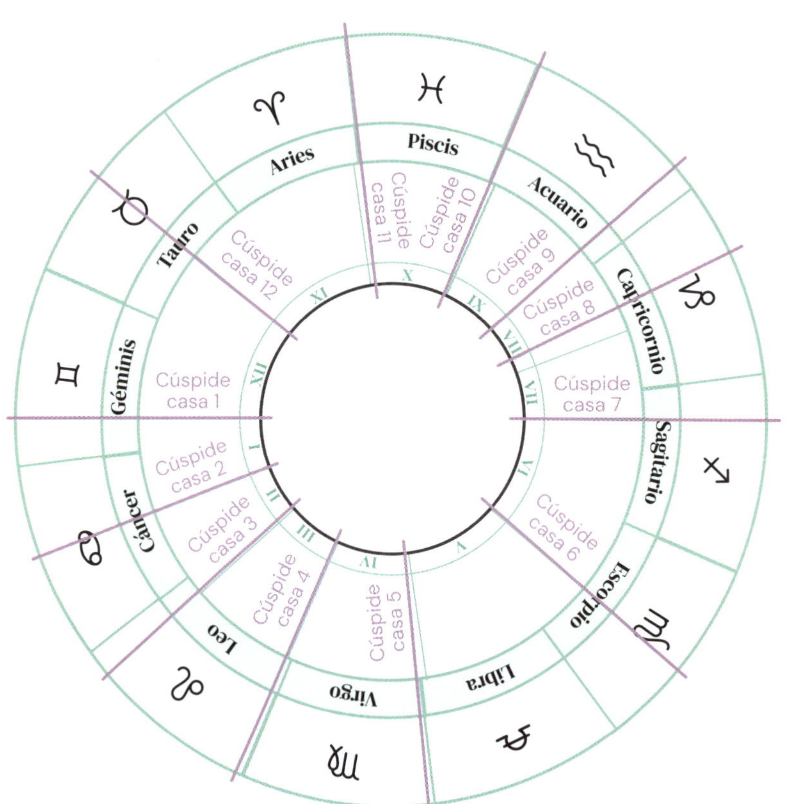

Pero antes, veamos cómo se suelen clasificar las casas, ya que hay un grupo más relevante:

Casas angulares: Son las casas 1, 4, 7 y 10, que están asociadas con los signos cardinales considerados los más importantes, ya que influencian nuestra individualidad. También representan el presente. Estas son las casas más importantes de mirar cuando hacemos una primera lectura.

Casas sucedentes: Son las casas 2, 5, 8 y 11, que se relacionan con los signos fijos que se encargan de consolidar la energía cardinal.

Casas cadentes: Son las casas 3, 6, 9 y 12, que están relacionadas con los signos mutables. Muestran cómo nos adaptamos a los cambios y las transiciones a lo largo de nuestra vida.

Astrocuriosidad: Las casas también se pueden clasificar por el elemento del signo que rige esa casa. Es decir, hay casas de agua, tierra, fuego y aire. Esto nos puede ayudar también a interpretar la carta. Por ejemplo, las casas de agua (4, 8 y 12, especialmente las dos últimas) si están en signos de agua (especialmente, Piscis y Escorpio) o tienen presencia de planetas como la Luna, Neptuno o Plutón (o planetas aspectados con estos), nos suelen hablar de personas con muchísima intuición que incluso pueden tener experiencias o habilidades psíquicas.

Ahora revisaremos en profundidad cada una de las casas, como hemos hecho antes con los planetas y los signos. Te dejo a continuación unas páginas con más detalle acerca de las doce casas que acabamos de comentar, para que puedas consultarlas rápidamente cuando estés interpretando tu carta. Las páginas contienen la siguiente información:

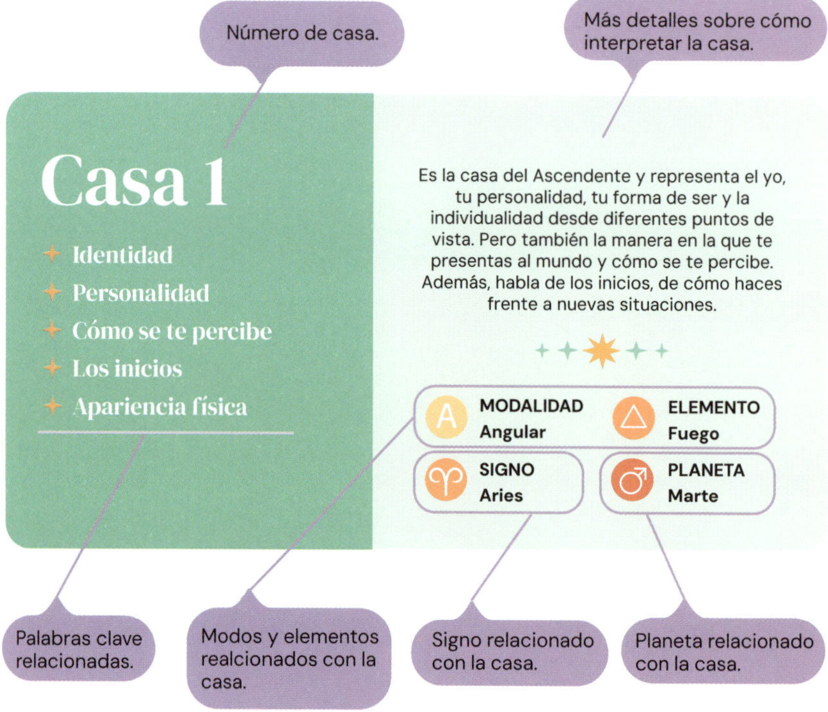

Casa 1

- Identidad
- Personalidad
- Cómo se te percibe
- Los inicios
- Apariencia física

Es la casa del Ascendente y representa el yo, tu personalidad, tu forma de ser y la individualidad desde diferentes puntos de vista. Pero también la manera en la que te presentas al mundo y cómo se te percibe. Además, habla de los inicios, de cómo haces frente a nuevas situaciones.

MODALIDAD
Angular

ELEMENTO
Fuego

SIGNO
Aries

PLANETA
Marte

Casa 2

- Recursos materiales
- Dinero
- Posesiones
- Valores
- Seguridad

Representa los recursos y los atributos (económicos y más allá) actuales o esperados que te darán seguridad. También la relación con lo material y la manera de encarar la necesidad de ganar dinero.

MODALIDAD
Sucedente

ELEMENTO
Tierra

SIGNO
Tauro

PLANETA
Venus

Casa 3

- Comunicación
- Manera de pensar y aprender
- Educación básica
- Temas relacionados con hermanos y vecinos
- Viajes de corta distancia

Representa diferentes formas de procesar y compartir la información: tu manera de pensar, de aprender, de percibir tu entorno y tu estilo de comunicación. También se relaciona con los viajes cortos, la educación básica y con tus hermanos y vecinos.

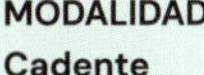
MODALIDAD
Cadente

ELEMENTO
Aire

SIGNO
Géminis

PLANETA
Mercurio

Casa 4

- Hogar y familia
- Infancia
- Intimidad
- Manera de cuidar a los demás
- Yo privado

Representa tus raíces, el rol que juegan el hogar y tu familia en tu vida. También nos habla de tu personalidad en ambientes más íntimos y privados. Además, algunas ramas consideran que también puede referirse literalmente a la relación con la figura que lideraba tu hogar (padre o madre). Es la casa que está en el Bajo Cielo.

MODALIDAD
Angular

ELEMENTO
Agua

SIGNO
Cáncer

PLANETA
Luna

Casa 5

- Hijos
- Proyectos personales
- Romances
- Diversión
- Autoexpresión y creatividad

Representa la necesidad y la capacidad de autoexpresarte. También nos habla de tu potencial a la hora de traer nuevos proyectos al mundo. Esto se puede traducir de diferentes maneras: creaciones propias, hijos, romances... En un sentido más literal también alude a tus aficiones y tu actitud ante la diversión.

MODALIDAD
Sucedente

ELEMENTO
Fuego

SIGNO
Leo

PLANETA
Sol

Casa 6

- Servicio y ayuda a los demás
- Salud mental
- Salud física
- Rutinas
- Trabajo

Es conocida como la casa de la salud y el trabajo, pero también nos habla del servicio o ayuda a los demás. Se refiere además a tu actitud hacia el trabajo, tus rutinas o hábitos y tu salud mental y física.

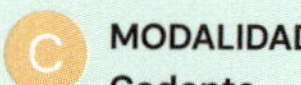
MODALIDAD
Cadente

ELEMENTO
Tierra

SIGNO
Virgo

PLANETA
Mercurio

Casa 7

- Matrimonio o pareja
- Asociaciones
- Amigos muy cercanos
- Enemigos conocidos

Es la casa opuesta a la 1, en el descendente, y representa diferentes tipos de asociaciones y relaciones muy cercanas a ti. Pueden ser asociaciones laborales, parejas a largo plazo o incluso amistades muy cercanas.

MODALIDAD
Angular

ELEMENTO
Aire

SIGNO
Libra

PLANETA
Venus

Casa 8

- Sexualidad
- Inconsciente personal
- Intuición
- Herencias
- Transformación

Representa la transformación profunda, cuando algo se rompe para dejar paso a lo nuevo. Por ello nos habla de nuestra actitud ante los cambios, y, además, al ser la casa opuesta a la 2 trata del dinero de otros con relación a nosotros (herencias). También se asocia con tu inconsciente: miedos, deseos ocultos y tu sexualidad.

MODALIDAD
Sucedente

ELEMENTO
Agua

SIGNO
Escorpio

PLANETA
Plutón

Casa 9

- Filosofía de vida
- Educación superior
- Maestros de vida
- Viajes de larga distancia
- Experiencias en el extranjero

Representa la filosofía de vida, la actitud de apertura de mente que busca más allá de lo conocido: educación superior, tus maestros o gurús, lo extranjero y viajes, sistemas filosóficos, religiones...

MODALIDAD
Cadente

ELEMENTO
Fuego

SIGNO
Sagitario

PLANETA
Júpiter

Casa 10

- Ambiciones
- Carrera
- Reconocimiento
- Estatus
- Poder

Esta casa coincide con el Medio Cielo y representa la vocación, cómo puedes contribuir a la sociedad y dejar huella. También alude al mérito, la ambición y cómo se te reconoce. Al ser la casa opuesta a la 4, en el sentido más literal, nos puede hablar de la otra figura parental (madre o padre) que no esté representada en dicha casa.

MODALIDAD
Angular

ELEMENTO
Tierra

SIGNO
Capricornio

PLANETA
Saturno

Casa 11

- Grupos de amigos
- Comunidades o clubes
- Sueños
- Ideales
- Causas humanitarias

Representa las amistades y las comunidades a las que pertenecemos, nuestro rol en estas y cómo nos relacionamos con ellas. También habla de las metas y las aspiraciones propias y colectivas.

MODALIDAD
Sucedente

ELEMENTO
Aire

SIGNO
Acuario

PLANETA
Urano

Casa 12

- Inconsciente colectivo
- Espiritualidad
- Talentos ocultos
- Aislamiento
- Fantasía

Esta casa es la que tiene una interpretación más compleja. Se enfoca en los aspectos que fusionan el yo con el todo. Representa el inconsciente, la trascendencia y aspectos de la personalidad ocultos. También está relacionada con el aislamiento, la fantasía y el engaño

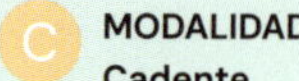
MODALIDAD
Cadente

ELEMENTO
Agua

SIGNO
Piscis

PLANETA
Neptuno

Casa	Definición	Signo		Planeta		Áreas de vida
1	Identidad	♈	Aries	♂	Marte	• Rige los inicios. • Identidad personal.
2	Recursos	♉	Tauro	♀	Venus	• Recursos/atributos actuales o esperados que nos darán seguridad. • Relación con lo material. • Manera de encarar la necesidad de ganar dinero.
3	Comunicación	♊	Géminis	☿	Mercurio	• Actitud mental. • Manera en la que percibimos el entorno. • Cómo te expresas/piensas.
4	Hogar y familia	♋	Cáncer	☽	Luna	• Rol del hogar. • Situación doméstica. • Intimidad.
5	Creatividad	♌	Leo	☉	Sol	• Necesidad de producir. • Manera de conseguir objetivos. • Vocación. • Aficiones/diversión. • Hijos.
6	Salud y trabajo	♍	Virgo	☿	Mercurio	• Salud física y mental. • Salud del entorno. • Rutinas. • Mascotas. • Servicio.
7	Relaciones	♎	Libra	♀	Venus	• Relaciones a largo plazo (pareja u otros tipos de asociaciones). • Enemigos públicos.
8	Transformación	♏	Escorpio	♇	Plutón	• Transformación espiritual. • Legado de antepasados. • Dinero de otros. • Habilidades ocultas.
9	Propósito	♐	Sagitario	♃	Júpiter	• Finalidad. • Exploración. • Filosofía/religión. • Pensamiento abstracto. • Viajes largos.
10	Aspiraciones y carrera	♑	Capricornio	♄	Saturno	• Carrera o profesión. • Estatus social. • Ambición.
11	Grupos	♒	Acuario	♅	Urano	• Sueños a largo plazo. • Grupos de amistades. • Comunidad. • Deseos.
12	Secretos	♓	Piscis	♆	Neptuno	• Intuición. • Introspección. • Inconsciente. • Karma. • Ocultismo.

Analicemos la carta de Miriam. Recopilamos lo que sabíamos usando la misma tabla que tienes para interpretar la tuya:

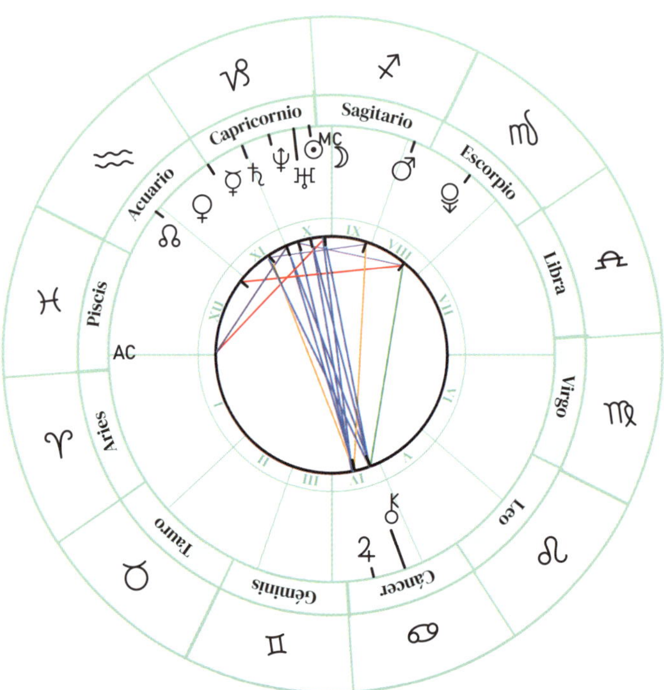

Paso	Fíjate en...	Es/Son	Interpretación
1	**Modos débiles**	Ninguno	
	Modos predominantes	Ninguno	
2	**Elementos débiles**	Ninguno	
	Elementos predominantes	Ninguno	
3	**¿En qué cuadrante(s) de la carta hay más concentración de planetas?**	4	Importancia de lo que ella aporta al mundo.
4	**¿En qué hemisferio(s) de la carta hay más concentración de planetas?**	Sur	Persona sociable y extrovertida.
5	**¿Tienes algún patrón marcado?**	Embudo	Los grupos, socializar y su carrera es muy importante, busca pertenecer y que se la reconozca.

Con esto ya teníamos claro que Miriam era una persona con dos temáticas clave: la carrera, es decir, dejar una huella en el mundo y mejorarlo es algo muy importante para ella, y la familia y los amigos, por tanto, también socializar con los suyos es clave.

Con esto pasamos a ver su *big 3*:

				Paso 8	Paso 9	Paso 10	
Paso	**Fíjate en...**		**Signo del Zodiaco**	**Casa**	**Aspectos**	**Grados**	**Interpretación**
6	**Analiza tu *big 3***	**ASC**	♓	1			Imaginativa, sensible y perceptiva.
		Sol	♑	10			Práctica, ambiciosa y trabajadora. Gran necesidad de dejar huella en este mundo.
		Luna	♐	9			Valora tener mucha libertad y estimulación mental. Necesidad de crecer mediante el aprendizaje y el estudio, y atracción a lo diferente.

Y nos quedaba aún más claro el tema de la carrera y su huella en el mundo, pero descubrimos un lado nuevo de Miriam: es una persona supersensible y creativa (ASC) que valora mucho su libertad y que necesita de estimulación mental por partida doble (Luna en la casa 9 en su signo). Y nos dimos cuenta de que tendría que hacer ese trabajo de combinar su parte ambiciosa y práctica, que tiene mucho peso al estar en la casa 10 (casa angular y está en su signo Capricornio), con su parte intuitiva y sensible (Ascendente).

Si nos fijamos en los planetas, destapamos más capas:

Paso	Fíjate en...		Signo del Zodiaco	Casa (Paso 8)	Aspectos (Paso 9)	Grados (Paso 10)	Interpretación
7	**Los planetas personales**	**Mercurio**	♑	11			Mentalidad clara y práctica. Busca seguridad en los amigos, los grupos y las organizaciones.
		Venus	♒	11			Le gusta la independencia y duda del compromiso si no es la persona correcta. La vida social y las actividades que involucren trabajo en equipo son importantes para ella.
		Marte	♐	9			Altos niveles de energía (intelectual y física), incluso puede haber tendencia a descuidarse. Le atrae lo nuevo y diferente. Especial importancia de la educación superior. Le gustan los retos y conocer cosas nuevas.
	Los planetas sociales	**Júpiter**	♋	4			Mucha intuición y sensibilidad. Le es fácil entender lo que sienten los demás y resulta agradable. Duda mucho. Una infancia feliz y potencial para crear un hogar muy agradable y divertido.
		Saturno	♑	10			Saturno está en su signo y en su casa, lo que veamos se potenciará. Ambición, mucha capacidad de trabajo y practicidad. Tendencia a sacrificar su vida personal y a ser precavida. Ha tenido muchas responsabilidades, carga con todo.
	Los planetas trans-personales	**Urano**	♑	10			Racional, fría a la hora de tomar decisiones y poner los problemas en orden. Rechazo a lo no convencional. Atraída por profesiones relacionadas con Urano: ciencia, tecnología, temas humanitarios. Posibles cambios bruscos en la carrera.
		Neptuno	♑	10			Generación especialmente preocupada por la sostenibilidad. Posibles cambios a lo largo de la vida en temas de carrera derivados de intuiciones o de cómo se sentía la persona.
		Plutón	♏	8			El propósito de su vida es muy importante para esta generación. Mucha intuición e interés por temas ocultos o por entender las cosas o a las personas en profundidad.

Tras analizar los planetas personales conocemos un poco más de ella, y vemos que tiene bastante influencia acuariana en el área de las amistades y los sueños (Venus en la casa 11), lo que le añade un toque de atracción por lo diferente y lo original que se ve mucho en sus amistades e incluso en sus relaciones de pareja, en las que valora mucho su independencia. Además, se suma a su Luna la energía de Marte en Sagitario en la casa 9, lo que nos habla de que no solo será supertrabajadora, sino que tiene mucha energía y la pone en lo que hace, incluso hasta el punto de descuidarse.

Y con los planetas sociales, vemos que se triplica la importancia de ese Sol en Capricornio con su Mercurio ahí, Saturno en la casa 10 en Capricornio (triple perfección con planeta en su signo y en su casa) y su Marte en Sagitario en la casa 9, lo que se traduce como que es una persona con más energía que la media, que la saca cuando quiere aprender más y con un espíritu de trabajo increíble para conseguir sus objetivos y dejar esa huella en el mundo.

Y finalmente, viendo los signos (que afectan a la generación entera) y la posición en las casas de los planetas transpersonales, observamos una fuerte relevancia de la temática del trabajo (Urano y Neptuno en la casa 10), e incluso posibles cambios en su carrera a lo largo de su vida. Y, por otro lado, reforzamos esa intuición de Piscis al tener a Plutón en su casa en su signo (casa 8 en Escorpio).

¿Cómo lo ves? ¿Te vas haciendo una idea? Coge tu carta y rellena la columna de las casas, después lee todo junto con el signo y el planeta que has incorporado, ya debería de ir cogiendo forma.

11

PASO 9: ASPECTOS

Los aspectos son las **relaciones angulares entre dos o más planetas**, Ascendente y Medio Cielo en la esfera de tu carta natal. Son esas «líneas de colores» que vemos en el círculo interno y que hemos estado ignorando hasta ahora. Nos indican cuál es la relación entre las energías de los planetas, armonizando partes de nuestra personalidad y generando tensión en otras.

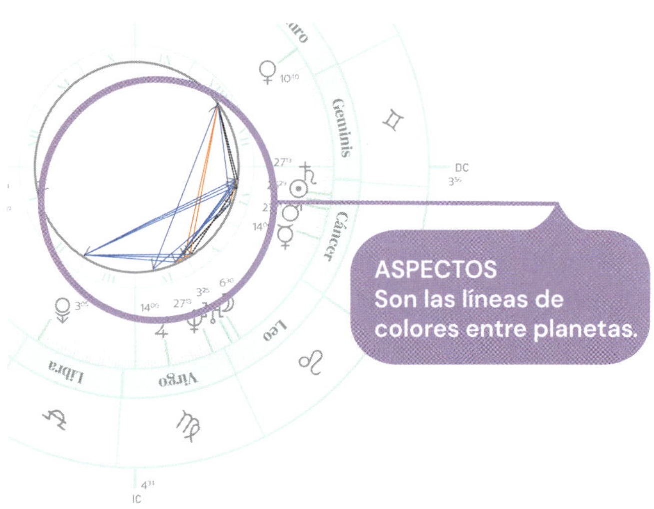

Sin embargo, a pesar de ser una de las partes más engorrosas de interpretar, los aspectos nos pueden dar claves muy importantes de la carta de una persona, ya que influyen en la manera en la que los planetas funcionan juntos; además, dependiendo del tipo de aspecto, hacen que se acentúen más o menos unas características.

Para que te hagas una idea, si vemos una carta de una persona con el signo ascendente en Piscis podemos pensar que es superintuitiva, sensible, creativa, un poco fantasiosa, incluso podemos pensar que es un poco dejada, más irresponsable con ciertas cosas. Pero si vemos que tiene Saturno en conjunción con su Ascendente, esto cambiaría mucho la película, ya que entonces será un piscis manchado por esa energía de Saturno, que sabemos que es el planeta regente de Capricornio, por lo que será mucho más realista y responsable que si lo comparas con otros piscis.

Antes de ver un ejemplo concreto debemos entender cuáles son los principales aspectos, cómo se clasifican y cómo encontrarlos en la carta.

Primero vamos a dividirlos en dos grupos dependiendo del tipo de energía que compartan los planetas:

- **Aspectos armónicos:** Hablan de energía afín y fácil entre los planetas involucrados, es decir, cooperan entre sí de manera sencilla. Se incluyen los aspectos del trígono y el sextil. La conjunción puede ser armónica o inarmónica.

- **Aspectos inarmónicos:** Hablan de que va a ser más complicado que esos planetas trabajen de manera conjunta, uno de ellos va a teñir al otro con su energía por defecto. Aquí es donde se necesitará trabajo para poder integrarlos. Se incluyen los aspectos de la cuadratura y la oposición.

Es importante entender que hay **tres aspectos con mayor importancia**, que son los que llamamos «aspectos duros»: **la conjunción, la oposición y la cuadratura**. Siempre que los veamos los revisaremos, ya que son los más importantes y los que generan más tensión o modifican más las energías de los planetas involucrados.

Astrocuriosidad: No te agobies si ves que tienes muchos aspectos «inarmónicos» en tu carta. Esto es simplemente una manera de llamarlos, pero existen pocas cartas con solo aspectos armónicos. De las pocas que son así, se extrae que suelen ser personas complacientes que aceptan todo lo que viene o que les da igual. Para mí, esos aspectos inarmónicos son los que nos hacen diferentes y muchas veces los que nos llevan a superarnos. Mis cartas favoritas no son esas en las que predominan los aspectos inarmónicos, de hecho, las más interesantes son las que tienen buenos retos por delante.

Y ahora vamos a ver cada uno de los aspectos principales en detalle:

La conjunción (☌): Esto ocurre cuando dos o más planetas están en la misma posición a 0 grados aproximadamente el uno del otro. Es uno de los aspectos más fuertes, ya que intensifica el rol que esos planetas jugarán en la vida de la persona, y hace que siempre trabajen juntos o unan fuerzas, especialmente cuando están a 0 grados exactamente.

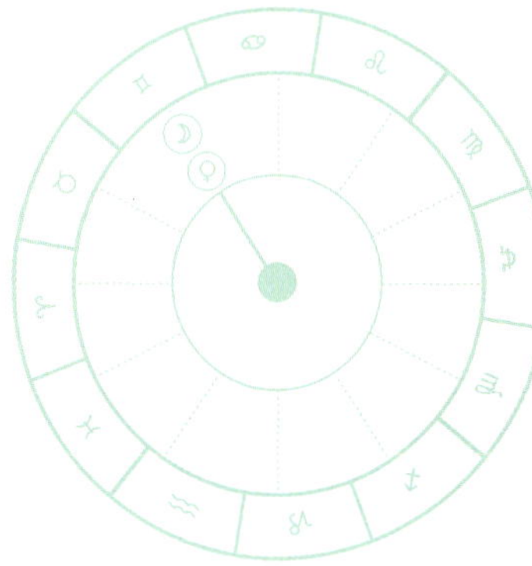

- Puede ser armónico o inarmónico.
- 0-10 grados entre los planetas.
- Intensificación de la unión de fuerzas y cualidades.

La oposición (☍): Es una relación tensa entre dos planetas que están a 180 grados aproximadamente, uno enfrente del otro. Nos habla de dos energías que se encuentran opuestas, que trabajan en detrimento la una de la otra y por ello hay que trabajar para integrarlas. Esto suele llevar al crecimiento personal. Este es el aspecto inarmónico más tenso.

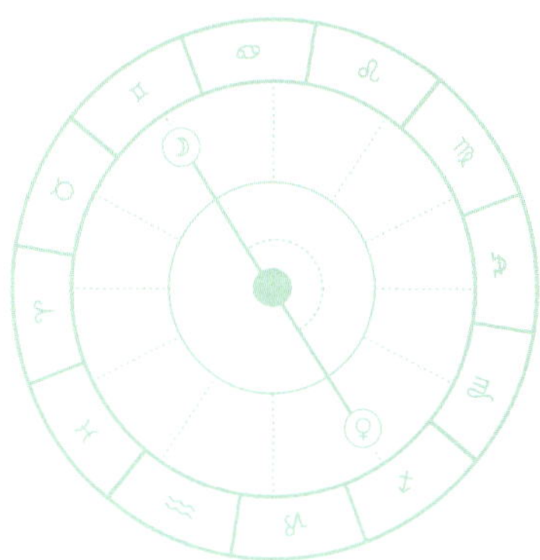

- Aspecto inarmónico.
- 180 grados (+/- 9 grados) aproximadamente entre los planetas.
- Extremos en nuestra vida en los que hay que buscar el equilibrio.

La cuadratura (□): Es una relación tensa también de dos planetas a 90 grados aproximadamente. Nos habla de dos energías que encuentran retos y restricciones para integrarse, pero una vez se armonizan y la persona hace el trabajo, llevan a la madurez y la sabiduría. Se siente menos tenso que la oposición.

- Aspecto inarmónico.
- 90 grados (+/- 9 grados) aproximadamente entre los planetas.
- Tensión entre los apartados de la vida. Implica retos y restricciones.

Trígono (△): Es la relación más armónica que puede haber, se da a 120 grados aproximadamente entre planetas, y nos habla de que esas energías trabajan juntas de manera muy fácil, la una al servicio de la otra. Sin embargo, si vemos una carta con muchos trígonos, esto nos puede hablar de una persona a la que le suelen salir bien las cosas sin poner mucho esfuerzo, por lo que puede verse como conformista o perezosa.

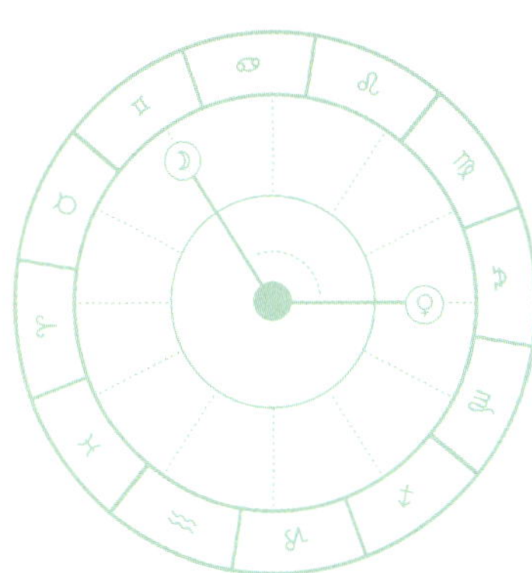

- Aspecto armónico.
- 120 grados (+/- 9 grados) entre los planetas.
- Armonía en las facetas de la vida.

El sextil (⚹): Es una relación armónica de 60 grados aproximadamente entre planetas, nos habla de una relación energética en la que las energías fluyen fácilmente, pero hay que tener en cuenta que es más débil que el trígono.

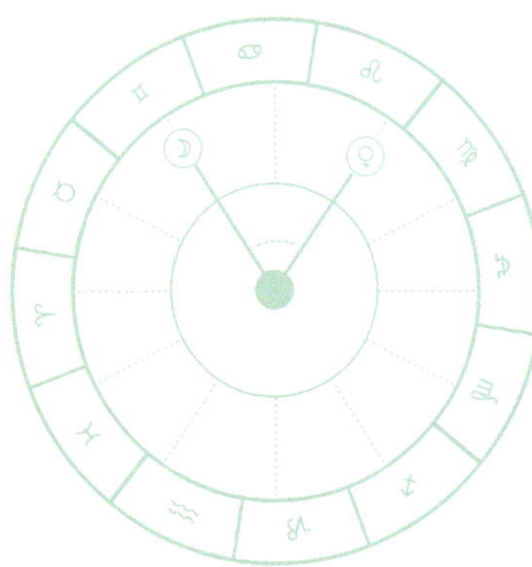

- Aspecto armónico.
- 60 grados (+/- 6 grados) entre los planetas.
- Energía fluida en los aspectos de la vida.

Aparte de estos, hay otros aspectos menores que no se suelen mirar tanto, ya que con los anteriores nos hacemos ya una idea bastante completa de las relaciones energéticas principales entre los planetas. Algunos de estos aspectos menores son el semisextil, el quincuncio, la semicuadratura o el quintil.

Sé que ahora mismo esto te parece muy complicado, te entiendo, pero verás que es cuestión de práctica y de dedicarle tiempo a ir tomando nota de todo. No hace falta aprenderse nada, es cuestión de juntar las piezas. Igualmente, para hacértelo más fácil te quiero compartir algunos trucos que uso yo para interpretar los aspectos sin tener que estar consultando el significado literal de cada uno:

- Primero, **ten a mano la tabla de regencias planetarias que hemos visto anteriormente**, donde comentamos qué planetas están relacionados con qué signos del Zodiaco y cuáles son las características principales de estos. Esto te hará la vida superfácil, ya que cuando consideres Saturno sabes que tienes que pensar en Capricornio y hablar de practicidad y ambición, y cuando hagas lo propio con la Luna pensarás en Cáncer, en el mundo emocional, la intuición…

- Otro truco importante para interpretar los aspectos es que **la energía del planeta más alejado del Sol suele teñir al otro** planeta. Por ejemplo, si tienes Marte en conjunción con Venus. Esa capacidad de dar amor se puede ver contagiada por características de Marte (que sabemos que es el planeta de Aries), como agresividad, impaciencia, mayor impulso sexual y, por tanto, ensombrecer un poco ese armonioso Venus (piensa en Tauro y Libra) que era más pausado, rechazaba el conflicto…

- **Si es un aspecto armónico, asume que la energía fluye entre ambos planetas.** Por ejemplo, tu Sol y Venus están en trígono. Esto nos habla de personas que buscan la armonía en sus relaciones personales e incluso en otros ámbitos, que valoran mucho el arte, la moda, la belleza y que pueden ser coquetas y que se las perciba como estilosas. También ese Venus puede que tiña un poco al Sol, que si estaba en Géminis, lo hará un géminis más en contacto con su lado librano, más empático, más incómodo con el conflicto, más coqueto…

- **Si es un aspecto inarmónico, hay tensión entre las energías de esos planetas.** Revisa la tabla que hemos visto en el capítulo de los planetas, que define qué es cada planeta, para entender las temáticas primero. Como, por ejemplo, si tienes Saturno en oposición a Júpiter, hay una tensión entre la expansión y el crecimiento y las limitaciones y el trabajo. Habría que ver en qué casa está cada uno y qué signos para interpretarlo mejor, pero podemos entender que será una persona a la que no le regalen las cosas, sino que tenga que poner esfuerzo para conseguirlas.

- **Mira la foto completa,** hay veces en que los aspectos inarmónicos pueden ser menos relevantes porque están compensados con otras energías en la carta. Si estás leyendo la tuya y ves que uno no te cuadra, es fácil que revises y te des cuenta. Por ejemplo, puede que te encuentres Venus en cuadratura con Saturno y pienses que vas a tener que ser muy paciente en temas de amor, tendrás altas expectativas, pero quizá las relaciones sean complejas. Sin embargo, si luego ves que tienes un Sol en Aries en la casa 7 (de las relaciones), entonces no te falta fuerza de voluntad e iniciativa, por lo que puede que ese aspecto de tu personalidad sea menos relevante a pesar de ser un aspecto duro.

Ahora veamos cómo puedes encontrar los aspectos en tu carta natal e ir añadiéndolos a tu tabla de análisis siguiendo el ejemplo de Miriam, que tiene una carta con bastantes aspectos.

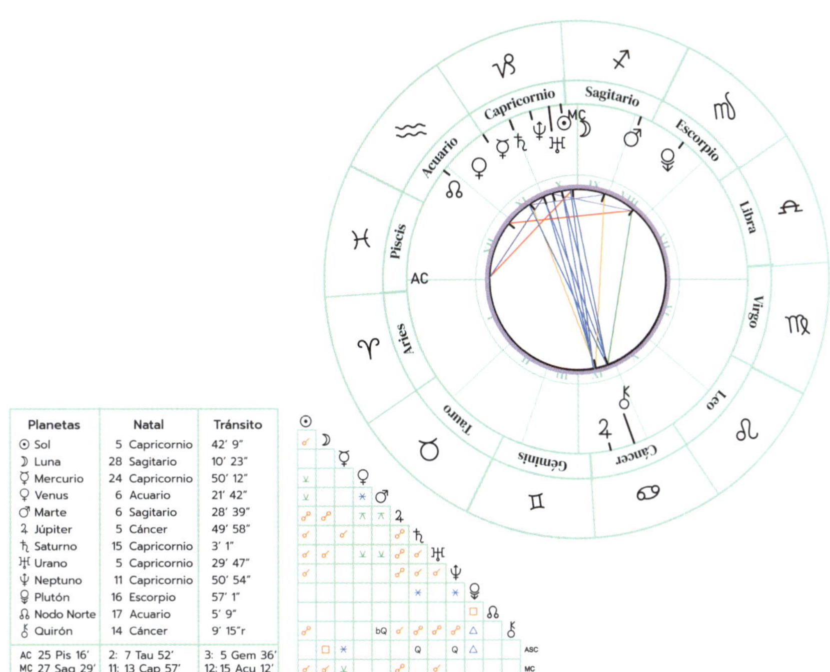

Planetas	Natal	Tránsito
☉ Sol	5 Capricornio	42′ 9″
☽ Luna	28 Sagitario	10′ 23″
☿ Mercurio	24 Capricornio	50′ 12″
♀ Venus	6 Acuario	21′ 42″
♂ Marte	6 Sagitario	28′ 39″
♃ Júpiter	5 Cáncer	49′ 58″
♄ Saturno	15 Capricornio	3′ 1″
♅ Urano	5 Capricornio	29′ 47″
♆ Neptuno	11 Capricornio	50′ 54″
♇ Plutón	16 Escorpio	57′ 1″
☊ Nodo Norte	17 Acuario	5′ 9″
⚷ Quirón	14 Cáncer	9′ 15″r
AC 25 Pis 16′	2: 7 Tau 52′	3: 5 Gem 36′
MC 27 Sag 29′	11: 13 Cap 57′	12: 15 Acu 12′

Lo primero, recordemos la simbología de los aspectos principales que vamos a analizar para poder interpretarlos rápido:

- Cuadratura □, que se representa en el gráfico como una línea roja.
- Oposición ☍, que se representa en el gráfico como una línea roja.
- Conjunción ☌, que se representa en el gráfico como una línea roja.
- Sextil ⚹, que se representa en el gráfico como una línea azul.
- Trígono △, que se representa en el gráfico como una línea azul.

Las líneas verdes que ves son los semisextiles y quincuncios, aspectos armónicos menores.

Así, en la tabla de abajo a la izquierda podemos apreciar los símbolos de los aspectos de forma mucho más fácil que en la propia rueda. Por ejemplo, en este caso el Sol tiene varias conjunciones con la Luna, Saturno, Urano, Neptuno y MC. También oposición a Júpiter y a Quirón. ¿Vas entendiendo?

Ahora incluiremos todos en su tabla intentando no repetirlos, es decir, si hay un aspecto entre el ASC y el Sol, elegimos en qué lugar de los dos ponerlo (Sol, por ejemplo) y no lo repetimos en la siguiente casilla (Ascendente):

Paso	Fíjate en...		Signo del Zodiaco	Paso 8 Casa	Paso 9 Aspectos	Paso 10 Grados	Interpretación
6	**Analiza tu *big 3***	**ASC**	♓	1	□ ☽ ⚹ ☿ △ ♇		Imaginativa, sensible y perceptiva.
		Sol	♑	10	☌ ☽ ♆ ♅ ♄ MC ☍ ♃		Práctica, ambiciosa y trabajadora. Gran necesidad de dejar huella en este mundo. Doble energía Capricornio por su *stellium* y conjunción con Saturno.
		Luna	♐	9	☍ ♃ ☌ ♅ MC □ AC		Valora tener mucha libertad y estimulación mental. Necesidad de crecer mediante el aprendizaje y el estudio, y atracción a lo diferente. Para estar feliz necesita sentirse útil, cumplir con su trabajo, ser buena persona. Hay en ella un poco de rebeldía.

Paso	Fíjate en...		Signo del Zodiaco	Paso 8 Casa	Paso 9 Aspectos	Paso 10 Grados	Interpretación
7	**Los planetas personales**	**Mercurio**	♑	11	☌ ♄ ⚹ AC		Mentalidad clara y práctica. Busca seguridad en los amigos, los grupos y las organizaciones.
		Venus	♒	11	⚹ ♂		Le gusta la independencia y duda del compromiso si no es la persona correcta. La vida social y las actividades que involucren trabajo en equipo son importantes para ella.
		Marte	♐	9			Altos niveles de energía (intelectual y física), incluso puede haber tendencia a descuidarse. Le atrae lo nuevo y diferente. Especial importancia de la educación superior. Le gustan los retos y conocer cosas nuevas. Persona insegura en el fondo, a la que le cuesta dar ese primer paso.
	Los planetas sociales	**Júpiter**	♋	4	☍ ♄ ♆ ♅ MC		Mucha intuición y sensibilidad. Le es fácil entender lo que sienten los demás y resulta agradable. Duda mucho. Una infancia feliz y potencial para crear un hogar muy agradable y divertido.
		Saturno	♑	10	☌ ♆ ♅ ⚹ ♇		Saturno está en su signo y en su casa, lo que veamos se potenciará. Ambición, mucha capacidad de trabajo y practicidad. Tendencia a sacrificar su vida personal y a ser precavida. Ha tenido muchas responsabilidades, carga con todo.
	Los planetas trans-personales	**Urano**	♑	10	☌ ♆ MC		Racional, fría a la hora de tomar decisiones y poner los problemas en orden. Rechazo a lo no convencional. Atraída por profesiones relacionadas con Urano: ciencia, tecnología, temas humanitarios. Posibles cambios bruscos en la carrera.
		Neptuno	♑	10	⚹ ♇		Generación especialmente preocupada por la sostenibilidad. Posibles cambios a lo largo de la vida en temas de carrera derivados de intuiciones o de cómo se sentía la persona.
		Plutón	♏	8			El propósito de su vida es muy importante para esta generación. Mucha intuición e interés por temas ocultos o por entender las cosas o a las personas en profundidad.

Recordemos lo que sabíamos de Miriam y añadamos pinceladas con algunos de los aspectos que vemos en su carta, centrándonos en lo principal, donde ella tiene puesta toda su energía y foco: esas conjunciones en la casa 10 y su *big 3*.

- Personalidad pisciana sensible e intuitiva con Luna en Sagitario que le pide estimulación mental y libertad, pero…
  - Vemos que su Luna tiene una conjunción con su Medio Cielo (MC), lo cual nos puede hablar de que para estar feliz necesita sentirse productiva y útil (muy en línea con su energía Capricornio).
  - También tiene cuadratura con su ASC, por lo que puede ser que también haya tensión, que su excesiva sensibilidad a veces no la deje ser feliz o que si no se siente lo bastante empática o buena con los demás no esté satisfecha. Tiene otra conjunción con Urano, que le añade ese lado rebelde que necesita también para ser feliz.
- Importancia de Capricornio (su Sol y cuatro planetas más) y la casa 10, lo que le daba ese toque práctico a ella, y hacía de su carrera un tema focal. Esto es aún más importante cuando miramos aspectos:
  - El Sol tiene una conjunción con Saturno, el planeta de Capricornio, por lo que se duplica la intensidad de este tema en su carta.
  - El Sol y la Luna tienen una oposición a Júpiter que redobla ese deseo de expansión, pero con cierta tensión entre su lado más consciente (Sol) y su mundo emocional (Luna), ya que también están en conjunción.

Y, por último, otro patrón diferente pero muy relevante es el ***stellium***, este se presenta cuando tenemos tres o más planetas en un signo o casa. Esto nos indica, en el caso de la casa, que es un área de la vida focal para esa persona, y en el del signo, que esa persona, aparte de su *big 3*, también poseerá mucha energía de ese otro signo.

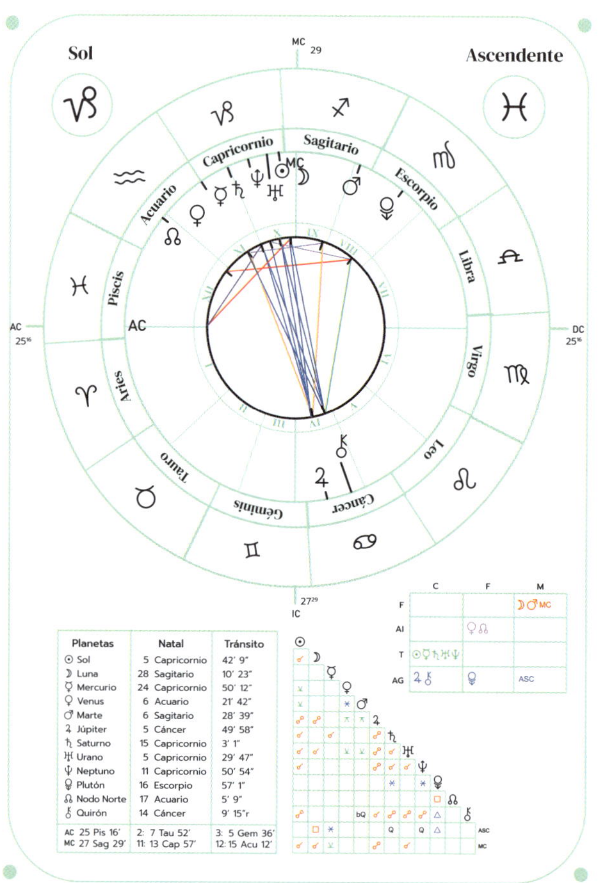

¿Te va quedando claro cómo los aspectos nos pueden ayudar a profundizar en la lectura de la carta? Dedícale tiempo, esta es la parte que más trabajo te puede llevar, ya que aquí seguramente empezarás a colocar todas las piezas del puzle y a darles sentido a esos temas que igual te chirriaban.

12

PASO 10: GRADOS

Como comentamos al principio del libro, tu carta es una rueda de 360 grados en la que cada signo ocupa 30 grados. En el fondo, los grados nos llevan acompañando todo el viaje como ves, pero ahora vamos a mirarlos con más detenimiento. Lo bueno es que hemos pasado los aspectos, que es lo más engorroso, verás como esto te parece un paseo.

Los grados son una manera de medir exactamente dónde se encuentra un planeta, un punto crítico o dónde empieza una casa. Estos 360 grados se dividen, como te he dicho, en doce grupos de 30 grados que abarcan cada signo del Zodiaco de tu carta.

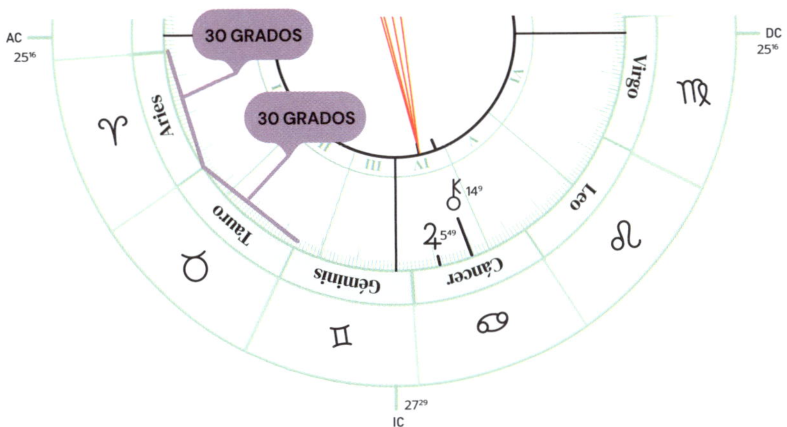

Por ejemplo, si Venus está en el grado 28 de Libra, con solo esa información sabemos que está justo al final, casi entrando en Escorpio. Los grados son estos números que vemos al lado de los planetas en nuestra carta o en la tabla resumen que suele venir al lado.

Planetas	Natal	Tránsito
☉ Sol	5 Capricornio	42′ 9″
☽ Luna	28 Sagitario	10′ 23″
☿ Mercurio	24 Capricornio	50′ 12″
♀ Venus	6 Acuario	21′ 42″
♂ Marte	6 Sagitario	28′ 39″
♃ Júpiter	5 Cáncer	49′ 58″
♄ Saturno	15 Capricornio	3′ 1″
♅ Urano	5 Capricornio	29′ 47″
♆ Neptuno	11 Capricornio	50′ 54″
♇ Plutón	16 Escorpio	57′ 1″
☊ Nodo Norte	17 Acuario	5′ 9″
⚷ Quirón	14 Cáncer	9′ 15″r
AC 25 Pis 16′ MC 27 Sag 29′	2: 7 Tau 52′ 11: 13 Cap 57′	3: 5 Gem 36′ 12: 15 Acu 12′

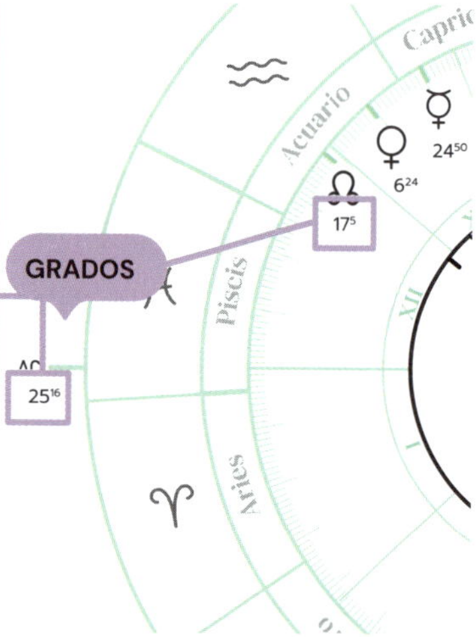

Revisar los grados nos puede dar más información en algunos casos sobre tu carta, pero no son fundamentales, digamos que son un extra. En el único caso en que recomiendo analizarlos es cuando los grados de alguno de tus planetas o puntos críticos (ASC o MC) entran dentro de lo que llamamos los **grados críticos**, que nos indican que se intensifica la energía de ese planeta. Como verás, hay un grado que afecta a todos los signos, pero luego hay otros claves para ciertos signos, por ejemplo, el grado 0 lo es solo para Aries, Cáncer, Libra y Capricornio, los signos cardinales. Estos grados críticos son los siguientes:

- **Los grados críticos para los signos cardinales** (Aries, Cáncer, Libra y Capricornio) son **el 0, el 13 y el 26**. Si ves que tienes algún planeta que cae en alguno de estos grados en Aries, Cáncer, Libra o Capricornio, es probable que tiendas a poner mucha energía, igual incluso demasiada, en las cosas que haces. Por ejemplo, si tienes Marte en Aries en el grado 0, serás una persona con mucha pero mucha energía, necesitarás actividad física, serás impaciente, muy sexual, e incluso puedes ser esa persona que no sabe descansar y que no soporta la meditación, el yoga o estar tirada en el sofá.

- **Los grados críticos para los signos fijos** (Tauro, Leo, Escorpio, Acuario) son **el 8, el 9, el 21 y el 22**. Si ves que tienes un planeta en Tauro, Leo, Escorpio o Acuario en uno de estos grados puedes notar una energía de restricción o miedo a dejarte llevar en temáticas relacionadas con el signo y/o la casa. Por ejemplo, una persona con Venus en Acuario en 22 grados tendrá aún más miedo al compromiso y a perder su independencia.

- **Los grados críticos para los signos mutables** (Géminis, Virgo, Sagitario, Piscis) son **el 4 y el 17**. En este caso si tienes un planeta en estos grados en Géminis, Virgo, Sagitario o Piscis, seguramente percibas un toque de indiferencia o que se te generan muchas dudas sobre temas que representan el signo. Por ejemplo, a una persona con su Luna en Géminis a 4 grados le costará mucho entender qué siente y decidir qué hacer con esos sentimientos, será más influenciable.

- **El grado anarético** para cualquier signo del Zodiaco es **el 29**, que afecta a todos porque es el último grado de cada signo.

Es importante destacar que no sirve que sea el 28 y pico, tiene que ser el 29. Se dice que es un grado que habla del «destino», por lo que será un tema importante para esa persona. Las personas que tienen este grado suelen sentir que esa área de su vida o temáticas para ellas son siempre más difíciles que para los demás. Este grado 29 nos habla de que puede que haya complicaciones, ya que la idea es que te conviertas en una maestra de este tema. Y con esas dificultades también hay gran potencial de éxito si integras esas enseñanzas y haces el trabajo.

También es importante fijarse en los grados del Ascendente y el Medio Cielo, no solo en los planetas.

Astrocuriosidad: Cuando estamos interpretando las casas, es importante revisar los grados con relación a las cúspides de las casas (eran esas líneas que marcan el inicio de la casa y que vimos en el undécimo capítulo). Si tienes un planeta que está en los últimos 2-5 grados de la cúspide de una casa, tienes que hacer una lectura diferente. En el caso de que esté a 1-2 grados consideramos que ese planeta actúa en la siguiente casa, como si estuviera en ella. En el caso de que esté entre 3, 4 o 5 grados cerca de la siguiente casa revisaremos la interpretación para ambas casas, ya que se puede sentir tanto en la una como en la otra.

Revisa tu carta, ¿tienes algún grado crítico? ¿Hay algún planeta en los últimos grados de una casa? Si no es así, ¡no pasa nada! No es nada malo, simplemente no tenemos información adicional. Ya hemos finalizado esta primera lectura de nuestra carta y ahora tendríamos que empezar a juntar todas las piezas.

En caso de que sí tengas, coge tu tabla y rellénala. En la carta de Miriam no encontramos ningún grado crítico ni ningún planeta en los últimos grados de una casa, por lo que no modificaremos ninguna interpretación. Lo único que podemos observar es que su Luna casi se podría considerar Capricornio al estar en los últimos grados de Sagitario, pero hablando con ella confirmamos que su Luna la siente mucho más Sagitario.

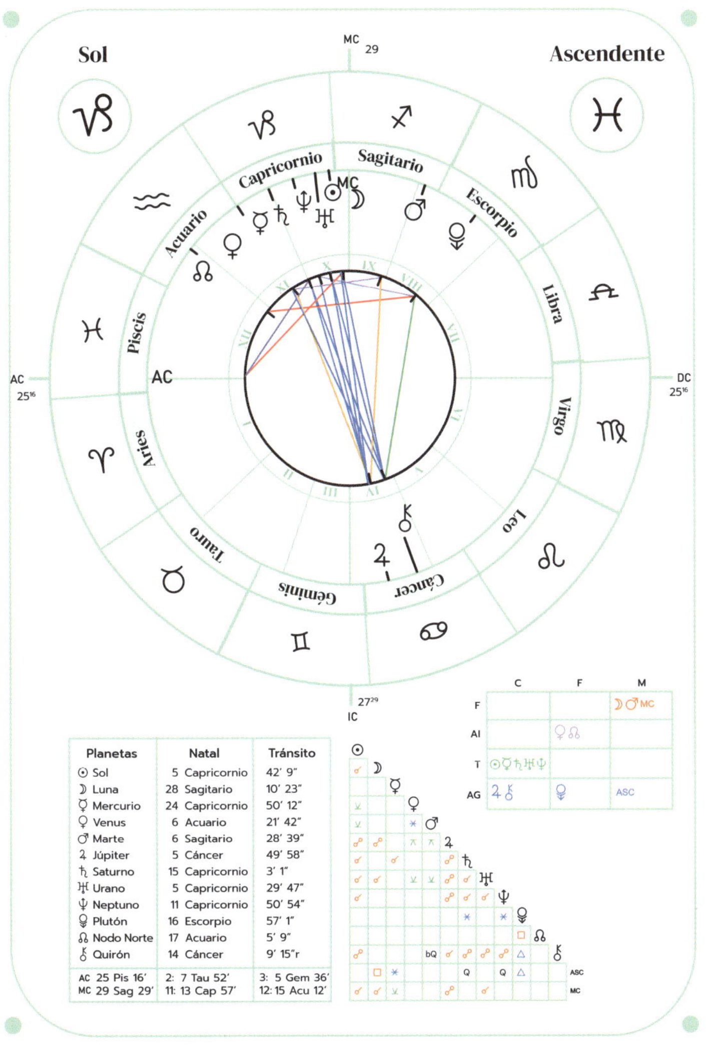

Por ver otro ejemplo, analicemos mi carta, donde hay dos temas importantes que sí que cambiarían cómo interpretamos las cosas hasta ahora, sobre todo en el tema de la carrera.

Si no hubiéramos mirado los grados, hablaríamos de que en mi caso la casa 10 está vacía y en Piscis. Podríamos decir que se trata de una persona que se dedica a temas creativos, posiblemente artista, pero que podría también estar relacionada con algo dedicado a temas como diseño o publicidad… Sin embargo, si solo lo miráramos así nos estaríamos llevando una foto incompleta porque:

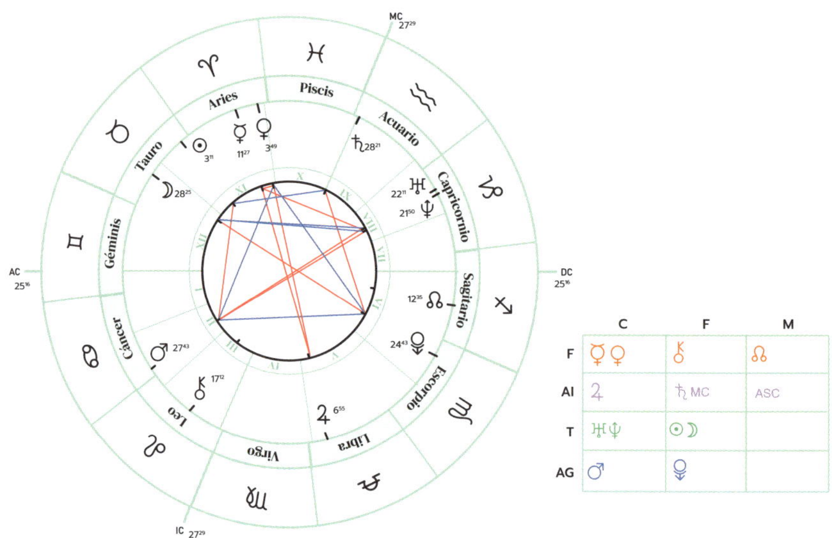

- **Mi MC (Medio Cielo) está a 29 grados de Acuario.** Esto nos dice que más bien mi carrera estará enfocada en temas acuarianos: traer una perspectiva diferente a las cosas o dedicarme a temas como tecnología o redes sociales. ¡Y la verdad que esto está totalmente *on point*! Pero también ese grado nos habla de que no será un paseo fácil, no me van a regalar nada, y cada paso tendré que trabajarlo y lucharlo para obtener éxito, pero al menos hay un gran potencial. ;)

- Justo al lado tengo a **Saturno a 28 grados en la casa 9, casi en la cúspide de la casa 10** y, como hemos visto, al tenerlo ahí consideraríamos que básicamente está en la casa 10 de la carrera y el reconocimiento, así que no se encontraría vacía. Esto puede traducirse por un lado en que de nuevo hay que redoblar esfuerzos para conseguir ese reconocimiento o carrera soñada. Y también, podría implicar que mi rol dentro de mi profesión puede ser de mentora, persona que ayuda a otros a crecer o que sabe mucho de un tema.

Es verdad que mi casa 10 sigue estando en Piscis y que esas temáticas se mantienen, pero hay que sumarle esto para poder tener la foto completa. Con toda la información vemos que puedo ser una persona que se dedique a temas creativos en sectores nuevos como tecnología o redes sociales, pero que tenga un punto de vista diferente. Pero para poder llegar ahí tendré que ir aprendiendo y poner mucho esfuerzo. Como ves, cambia bastante la interpretación.

Astrocuriosidad: Hay otra corriente conocida como «la teoría de los grados», que mezcla numerología y astrología. La teoría afirma que cada signo del Zodiaco tiene asignados unos grados. Por ejemplo, Aries es el 1, 13 y 25; Tauro el 2, 14 y 26... Como ves en la rueda de abajo.

Esta teoría usa esa información para completar las interpretaciones de ciertos planetas o puntos críticos de nuestra carta. Por ejemplo, si tienes tu signo ascendente es Géminis, pero en el gra-

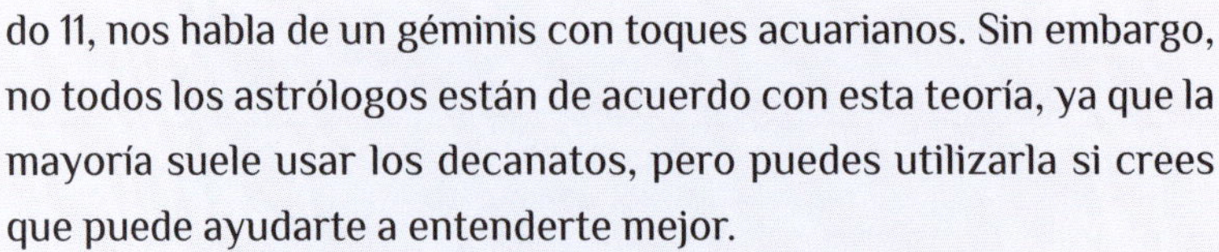

do 11, nos habla de un géminis con toques acuarianos. Sin embargo, no todos los astrólogos están de acuerdo con esta teoría, ya que la mayoría suele usar los decanatos, pero puedes utilizarla si crees que puede ayudarte a entenderte mejor.

Así que, con esto, ¡ya estamos! Ya estás lista para hacer una primera lectura de tu carta y embarcarte en este maravilloso viaje.

13

ACTUALIZA TU CARTA NATAL CADA AÑO: LA REVOLUCIÓN SOLAR

Tu carta natal es tu potencial, y no varía con el tiempo, sin embargo, existe una técnica que se llama «revolución solar», que seguro que has oído por redes, que te «actualiza» la carta natal cada año, de tu cumpleaños al siguiente. Podríamos decir que tú eres una actriz, y tu carta es tu personalidad, pero tu revolución solar es el papel que te tocará vivir este año.

Es una técnica complementaria a tu carta natal muy interesante, y una vez que has entendido la primera puedes ir echándole un vistazo cada cumpleaños, que es tu retorno solar. Cada año será diferente y, de hecho, si estás en un lugar distinto, también cambiará, ya que al calcular tu carta natal esta tiene en cuenta el año que analizamos y el lugar.

La revolución solar te ayuda a entender la energía que tienes disponible ese año astrológico para que puedas sacarle el máximo provecho. Te puede dar también indicaciones de:

- Cómo vas a actuar y cómo te van a percibir mediante tu signo ascendente del año.
- Tu ánimo, cómo vas a sentirte por tu signo lunar.
- Qué áreas de la vida van a ser más relevantes mediante tu Sol y *stelliums* en las casas.

Estos son los temas principales que vamos a analizar aquí, aunque para hacer una lectura completa podemos mirar mucho más, ya sabes cuáles son todas las partes y los elementos de una carta, por lo que te puedes imaginar que cuanto más analicemos, más detalles podemos extraer.

Para sacar tu revolución escanea este código QR:

Después mete tus datos y selecciona el año que quieres, piensa que este empieza el día de tu cumpleaños. Luego haz clic en «Calcular», y ¡ya lo tienes!

Que no cunda el pánico, a continuación te muestro simplemente dos cartas astrales una encima de la otra, y vamos a ir desglosando juntas los temas importantes, te los señalo en este gráfico:

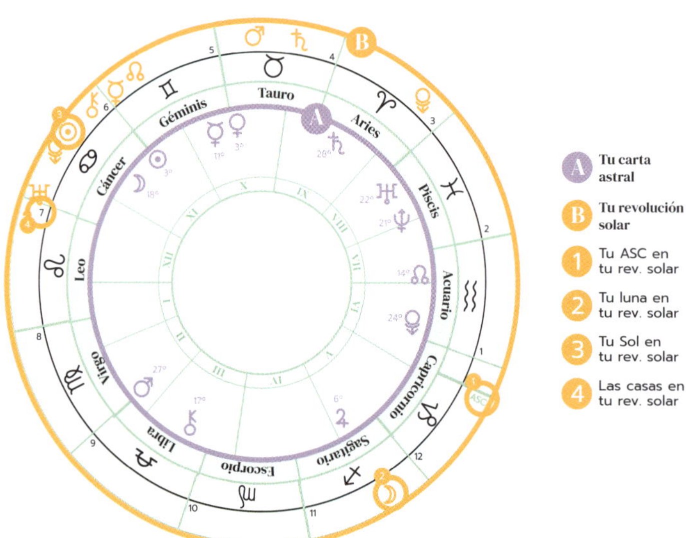

Como ves, hay varios temas clave que, como te adelantaba antes, nos pueden dar las pinceladas de nuestro próximo año astrológico si miramos el círculo de la revolución solar:

- **El signo de tu Ascendente** es el papel que te tocará este año. Nos proporciona información sobre cómo vas a actuar, como se te percibirá este año, e incluso también nos puede hablar de temáticas importantes, como por ejemplo, si te ha tocado ascendente escorpio nos habla de que es un año de transformaciones.

En mi caso tendré un año Escorpio, en el que me voy a ver más intensa, más sensible e intuitiva. Seguramente también sea un año de transformaciones, de deshacerse de lo que ya no sirve para construir algo nuevo. Además, cae en mi casa 6 de mi carta natal, que nos habla de las rutinas, el servicio a los demás y el trabajo, así que puede que esos cambios vengan en esa área de la vida.

- **El signo de tu Luna** nos habla de nuestro mundo emocional, nuestra base no cambia, pero este signo en tu revolución querrá decir que vamos a valorar de forma más positiva este año, cómo vamos a estar emocionalmente…

Por ejemplo, en mi caso con una Luna en Tauro, siempre he tenido un mundo emocional bastante organizado, he tenido muy claro lo que quiero y me hace feliz, estoy en conexión con mis emociones, pero soy muy práctica y puedo separarme de ellas y que no me guíen si no quiero. Sin embargo, este año va a ser más complicado a nivel emocional para mí, ya que me voy a encontrar con dudas a la hora de entenderme, y quizá seré menos práctica y saldrá mi lado más guerrero en busca de lo que yo considero justo. La Luna está en la casa 11 en la revolución, así que igual este lado librano se dé más en temas de amistades o de sueños.

- **La casa de tu Sol** nos va a indicar áreas importantes y de foco para el año. Ya sabemos que este nos habla de nuestro máximo potencial, por lo que es algo también importante de revisar. Haremos especial hincapié en la casa donde esté, porque nos dirá el área en que podemos llegar a brillar.

En mi caso, lo tengo en la casa 6 de mi revolución, la de las rutinas, el trabajo, los objetivos personales, el servicio a otros, la salud… Este será un año para trabajar duro y esforzarme en lo que quiero conseguir, y también será importante hacerlo cuidándome, sin perder de vista unos hábitos saludables.

- **Las casas con más de tres planetas** nos hablan también de que esa área de la vida tendrá especial relevancia este año, por lo que será interesante que mires qué planetas están ahí y en qué signo para entenderlo mejor.

En mi caso hay una concentración de planetas en la casa 5 en Aries. Tiene pinta de que podría ser un año en el que decido coger las riendas de temáticas propias de la casa 5 como la creación, la diversión, hijos o los romances. Pudiera ser un año donde decido emprender un proyecto creativo, por ejemplo.

- **Los planetas en la casa 1** están relacionados con temas que nos afectan de manera muy personal, ya que esta casa es como el signo ascendente y nos habla de nuestra persona, por lo que habría que echarle un ojo también.

En mi caso no hay planetas, así que no le daríamos más importancia, pero, por ejemplo, imagínate que tuvieras a Marte ahí. Nos hablaría de que puedes sentirse más confiada y valiente este año, con más ganas de actuar en el área de la vida (casa) donde tengas tu Marte natal.

Si has llegado hasta aquí, ya sabes los básicos y más sobre tu carta astral y tu revolución solar. ¡Enhorabuena! Ahora es momento de ponerlo en práctica si no lo has hecho ya. Encontrarás justo después de este capítulo varios anexos para que pongas en práctica todo lo que hemos aprendido:

- **Anexo 1:** Aquí sintetizo el **ABC para leer tu carta astral**, un pequeño resumen de todo lo que hemos aprendido para ayudarte a recordar los diez pasos, qué significa cada uno y qué cosas debemos mirar.
- **Anexo 2:** Seguro que ya le has echado un ojo a este anexo, rellenando las **plantillas para interpretar tu carta astral** mientras leías el libro, pero si no lo has hecho es el momento perfecto para empezar a rellenarlo.
- **Anexo 3:** En este anexo también tienes una plantilla para ayudarte a interpretar tu **revolución solar**. Te recomiendo que si tu cumpleaños es en menos de seis meses lo hagas ya para el año siguiente, pero si queda más tiempo lo realices para este año y así puedas entender lo que ha ido pasando o pueda pasar el tiempo que queda.

- **Anexo 4:** Aquí tienes un **glosario** con las definiciones de los términos astrológicos que hemos visto a lo largo del libro y qué significa cada palabra.
- **Anexo 5:** Allí te ofrezco un pequeño **set de cartas recordatorio** que puedes recortar para ayudarte a interpretar más rápido qué significan los signos del Zodiaco, los planetas y las casas cuando estés interpretando tu carta o hablando del tema con amigas.
- **Anexo 6:** Por último, por si te has quedado con ganas de más, te recomiendo algunos libros y pódcast que te ayudarán a ampliar tus conocimientos en astrología.

A continuación, te dejo por aquí un QR para que me sigas en TikTok si quieres seguir aprendiendo astrología:

ANEXO 1

EL ABC PARA LEER TU CARTA ASTRAL

¡Bienvenida a este viaje de autoconocimiento! Vamos a usar tu carta astral como en el punto de partida, verás que seguiremos unos pasos y rellenaremos la información en una tabla para hacerlo lo más sencillo posible.

Empezaremos con una lectura de las energías básicas:

- **Paso 1: Modos.** Revisa si tienes algún modo débil (dos o menos planetas) o predominante (seis o más planetas), y si no pasa al siguiente paso. Recuerda que alguien con predominancia de los modos sería...
    - **Cardinal:** son personas que toman la iniciativa, directas, activas y que les cuesta adaptarse.
    - **Fijo:** son personas estables, estructuradas, con mucha fuerza de voluntad e ideas muy claras, por lo que a veces se arriesgan poco.
    - **Mutable:** son personas con mucha capacidad de adaptación, versátiles e incluso a veces les cuesta centrarse en solo una cosa.

E interpretamos lo contrario si es un modo débil.

- **Paso 2: Elementos.** Revisa si tienes algún elemento débil (uno o menos planetas) o predominante (seis o más planetas), y si no pasa al siguiente paso. Recuerda que alguien con predominancia de los elementos sería…
  - **Fuego:** son personas entusiastas, impulsivas, espontáneas y a veces demasiado centradas en sí mismas.
  - **Agua:** son personas sensibles, empáticas e intuitivas, pero a veces resultan demasiado apegadas.
  - **Aire:** son personas creativas, observadoras y sociables, pero a veces pueden ser un poco más frías o despegadas.
  - **Tierra:** son personas prácticas, realistas y leales, pero a veces un poco inflexibles, les cuesta adaptarse.

E interpretamos lo contrario si es un elemento débil.

Una vez que hayamos revisado lo primero, nos haremos una idea de si hay mucho carácter y pasión (fuego predominante) o si igual somos una persona más reservada (aire débil) o superequilibrada (sin modos ni elementos débiles o predominantes). De ahí pasamos a estudiar las dispersiones de los planetas, ya que es algo que podemos analizar de un vistazo rápido fijándonos en si hay algún área con especial énfasis en tu carta:

- **Paso 3: Cuadrantes.** ¿Hay algún cuadrante con la mayoría de los planetas? ¿Qué cuadrante o cuadrantes es/son? Esto nos dará una idea de qué áreas de la vida o temáticas tendrán más relevancia. Recuerda que según el cuadrante varían los temas importantes en tu vida:
  - **Cuadrante 1** (mayoría de los planetas en las casas 1, 2 y 3): encontrar tu identidad propia, conocerte bien a

ti mismo, tomar conciencia de tu manera de ver las cosas, cómo te expresas, qué te da seguridad...

- **Cuadrante 2** (mayoría de los planetas en las casas 4, 5 y 6): expresión social con gente conocida, como la familia, y aprecias lo ya conocido, tus rutinas.
- **Cuadrante 3** (mayoría de los planetas en las casas 7, 8 y 9): desarrollar tu identidad social y tu filosofía de vida.
- **Cuadrante 4** (mayoría de los planetas en las casas 10, 11 y 12): el mundo exterior tiene mucha más relevancia para ti que tu individualidad. Te importan tus amigos y tu huella en el mundo.

- **Paso 4: Hemisferios.** ¿Hay algún hemisferio que tenga más de siete planetas? ¿Cuál es? Basándonos en eso tendremos más información sobre qué áreas de la vida o temáticas serán clave.
  - **Hemisferio norte** (más de siete planetas en las casas 1-6): eres más introspectiva e introvertida. Las temáticas importantes para ti son: la seguridad, la comunicación, la familia, las rutinas...
  - **Hemisferio sur** (más de siete planetas en las casas 7-12): estás enfocada al exterior, necesitas sentirte vista por los demás, eres sociable, extrovertida, muy centrada en el otro, en tu carrera, tus creencias...
  - **Hemisferio este** (más de siete planetas en las casas 10-3): eres muy autónoma, te motiva hacer las cosas a tu manera, pero eso te hace tener problemas a veces al relacionarte en grupo.
  - **Hemisferio oeste** (más de siete planetas en las casas 4-9): estás orientada a los demás, eres muy receptiva,

adaptable y dependes de tus circunstancias y de terceros a veces.

- **Paso 5: Patrones.** Revisa si la carta encaja en alguno de los patrones definidos que revisamos en el octavo capítulo y, si no, ya sabes que no pasa nada, ve al siguiente paso.
    - **El abanico** (todos los planetas están concentrados en cuatro o menos casas consecutivas o en 120 grados): tienes un foco claro en tu vida y mucha confianza en ti misma; de hecho, estas personas suelen estar muy especializadas en un área.
    - **La locomotora** (todos los planetas están concentrados en 240-250 grados en ocho casas aproximadamente, con tres o cuatro casas libres): eres solitaria pero enérgica, práctica y muy enfocada en tus objetivos.
    - **El trípode** (todos los planetas están distribuidos en al menos dos o tres grupos de planetas en una distancia no mayor a 60 grados o a un signo vacío entre cada uno): tienes mucho talento que necesita trabajo y atención para desarrollarse, ya que tiendes a la dispersión.
    - **El cuenco** (los planetas están concentrados en seis casas consecutivas en 180-190 grados): si sigues este patrón serás alguien con ideas y valores muy claros, además tenderás a buscar algo que te llene o un propósito que te motive.
    - **El embudo** (nueve planetas se agrupan en 180 grados y un décimo se opone): querrás experimentar un fuerte sentido de pertenencia, quieres que se te reconozca y tienes ganas de colaborar con el bienestar colectivo.

- **El columpio** (los planetas están divididos en dos grupos en oposición con 60 grados de distancia o dos signos de separación entre cada grupo): si cumples este patrón, te identificas con personas muy resilientes, llenas de contradicciones, que necesitan integrar esas energías opuestas en busca de un equilibrio interno.
- **La salpicadura** (los planetas se esparcen por la mayoría de los signos de manera aleatoria): posees intereses dispersos, un elevado desgaste energético y muchas ganas de compartir con el resto de las personas.

Con esto podemos entender qué áreas de la vida son más relevantes para ti, e incluso algunos rasgos de tu personalidad, si eres más privada, más sociable… Y a continuación nos metemos ya en harina, como sabes, con signos del Zodiaco, planetas y casas. Recuerda que para hacértelo más sencillo puedes ir al último anexo del libro y recortar las cartas de signos zodiacales, planetas y casas astrológicas para que puedas revisar los significados de cada uno mientras interpretas tu carta.

- **Paso 6: Signos del Zodiaco.** ¿En qué signos del Zodiaco tienes tu *big 3*: Ascendente, Sol y Luna? ¿Qué nos dicen de la personalidad? Recuerda el truco de la tarta:
    - El glaseado de chocolate es el **Ascendente**. Representa tu personalidad, cómo ves el mundo y cómo te percibe la gente.
    - El bizcocho es tu Sol. El **Sol** es la motivación que hay detrás, tu vitalidad, y también se interpreta como tu potencial.

  - Ese sabor sorpresa a frambuesa que no esperas cuando la pruebas por primera vez es la **Luna**. La Luna representa tu mundo emocional y lo que necesitas para sentirte seguro y feliz.

- **Paso 7: Planetas, asteroides y puntos críticos.** ¿En qué signos tienes los planetas personales Mercurio, Venus y Marte? Recuerda:
  - **Mercurio** en tu carta astral nos habla de la manera de pensar.
  - **Venus** representa la forma en que conectamos con otros, expresamos nuestro amor, nuestros gustos y también la energía que atraemos.
  - **Marte** nos indica cómo reaccionamos ante las situaciones, cuál es nuestro temperamento y también hace referencia a la pasión, el deseo y lo que nos atrae.

Echa un vistazo también al resto de los planetas, pero pon más el ojo en el siguiente paso:

  - **Júpiter** representa al sabio, la filosofía de vida, pero también nos habla de un área de expansión, de prosperidad.
  - **Saturno** te indica un área donde puedes encontrar limitaciones, y requerirás más perseverancia para conseguir tus objetivos.
  - **Urano** nos habla de cambios, pero con un enfoque diferente, con vistas a lo nuevo o lo distinto, con un toque rebelde.
  - **Neptuno** se considera el planeta de los sueños y la

inspiración. También tiene mucho que ver con la espiritualidad y la intuición.
- **Plutón** rige todo lo que queda escondido y es conocido por ser el planeta de la transformación y el renacer.

- **Paso 8: Casas.** ¿En qué casas tenemos el *big 3* y los planetas personales? ¿En cuáles tenemos los planetas sociales (Júpiter y Saturno) y los transpersonales (Urano, Neptuno y Plutón)? Revisa el significado de las casas:
  - **Casa 1:** El yo, cómo se me percibe, mi apariencia y mi forma de ser. También rige los inicios.
  - **Casa 2:** Los recursos o atributos actuales o esperados que te darán seguridad. Finanzas y bienes inmuebles.
  - **Casa 3:** La actitud mental, la manera de pensar y comunicarte. También está relacionado con temas como la educación básica, los viajes de corta distancia y la relación con hermanos y vecinos.
  - **Casa 4:** Tu relación con tu hogar, con tu familia, y cómo eres tú en la intimidad. Tu infancia, cómo cuidas de los demás.
  - **Casa 5:** Los hijos en sentido literal o figurado (proyectos personales), romances cortos o platónicos, tus aficiones, creatividad y diversión.
  - **Casa 6:** El servicio a los demás, la salud física y mental y las rutinas.
  - **Casa 7:** Las relaciones a largo plazo, muy cercanas (parejas o socios).
  - **Casa 8:** La capacidad de transformación y adaptación, sexo, ambición, temas ocultos, recursos materiales de otros y el inconsciente personal.

- **Casa 9:** Tu filosofía de vida, creencias, y temáticas relacionadas con educación superior, maestros, experiencias en el extranjero y viajes de larga distancia.
- **Casa 10:** Tu carrera, el reconocimiento y estatus social.
- **Casa 11:** Comunidades o grupos de amigos, causas humanitarias y nuestros sueños y deseos.
- **Casa 12:** Lo que está oculto bajo la superficie, es decir, el inconsciente colectivo heredado de tu familia, talentos ocultos, fantasía, aislamiento, espiritualidad y habilidades psíquicas.

Y para acabar de atar cabos, una vez que hemos entendido las características básicas de la personalidad de la carta, veamos cómo se relacionan unas con otras revisando:

- **Paso 9: Aspectos.** Echa un vistazo sobre todo a las relaciones entre planetas que sean de conjunción, oposición, cuadratura y *stelliums*. A continuación te resumo qué eran cada uno:
    - **Conjunción:** dos o más planetas están en la misma posición a 0 grados aproximadamente los unos de los otros. Hace que siempre trabajen juntas las energías de los planetas.
    - **Oposición:** relación tensa entre dos planetas que están a 180 grados. Nos habla de dos energías que se encuentran opuestas, que funcionan en detrimento la una de la otra y por ello hay que trabajar para integrarlas.
    - **Cuadratura:** relación menos tensa que la oposición. Incluye dos planetas a 90 grados. Nos habla de dos energías que encuentran retos y restricciones para

integrarse, pero que una vez que se armonizan y la persona hace el trabajo, llevan a la madurez y la sabiduría.

- ***Stellium*:** tener más de tres planetas en un signo o una casa, esto hace que pase a tener mucha relevancia el signo y/o la casa.

Y ya si queremos hilar fino, podemos analizar si en la carta aparecen grados críticos:

- **Paso 8: Grados.** Revisa si tienes en tu carta lo siguiente:
    - **El grado anarético** para cualquier signo del Zodiaco es **el 29**.
    - **Los grados críticos para los signos cardinales** (Aries, Cáncer, Libra y Capricornio) son **el 0, el 13 y el 26**.
    - **Los grados críticos para los signos fijos** (Tauro, Leo, Escorpio y Acuario) son **el 8, el 9, el 21 y el 22**.
    - **Los grados críticos para los signos mutables** (Géminis, Virgo, Sagitario y Piscis) son **el 4 y el 17**.

Y ahora llega la magia de la interpretación, tenemos que juntar todas las piezas como hemos hecho con la carta de Miriam. Recuerda estos consejos que te pueden ayudar:

1) El signo del Zodiaco se debe interpretar de la siguiente manera: «cómo sucede», los planetas son «qué sucede» y las casas «dónde sucede».
2) Dale más importancia al signo del Zodiaco donde esté el planeta regente de tu Ascendente (por ejemplo, si soy de

signo ascendente Géminis miraré en qué signo tengo a Mercurio).

3) Los signos del Zodiaco de los planetas transpersonales son compartidos por varias generaciones y nos hablan menos de la persona, enfócate más en las casas y los aspectos.

¡Buena suerte y que los astros te acompañen!

ANEXO 2

PLANTILLAS PARA INTERPRETAR TU CARTA ASTRAL

Carta de ______________

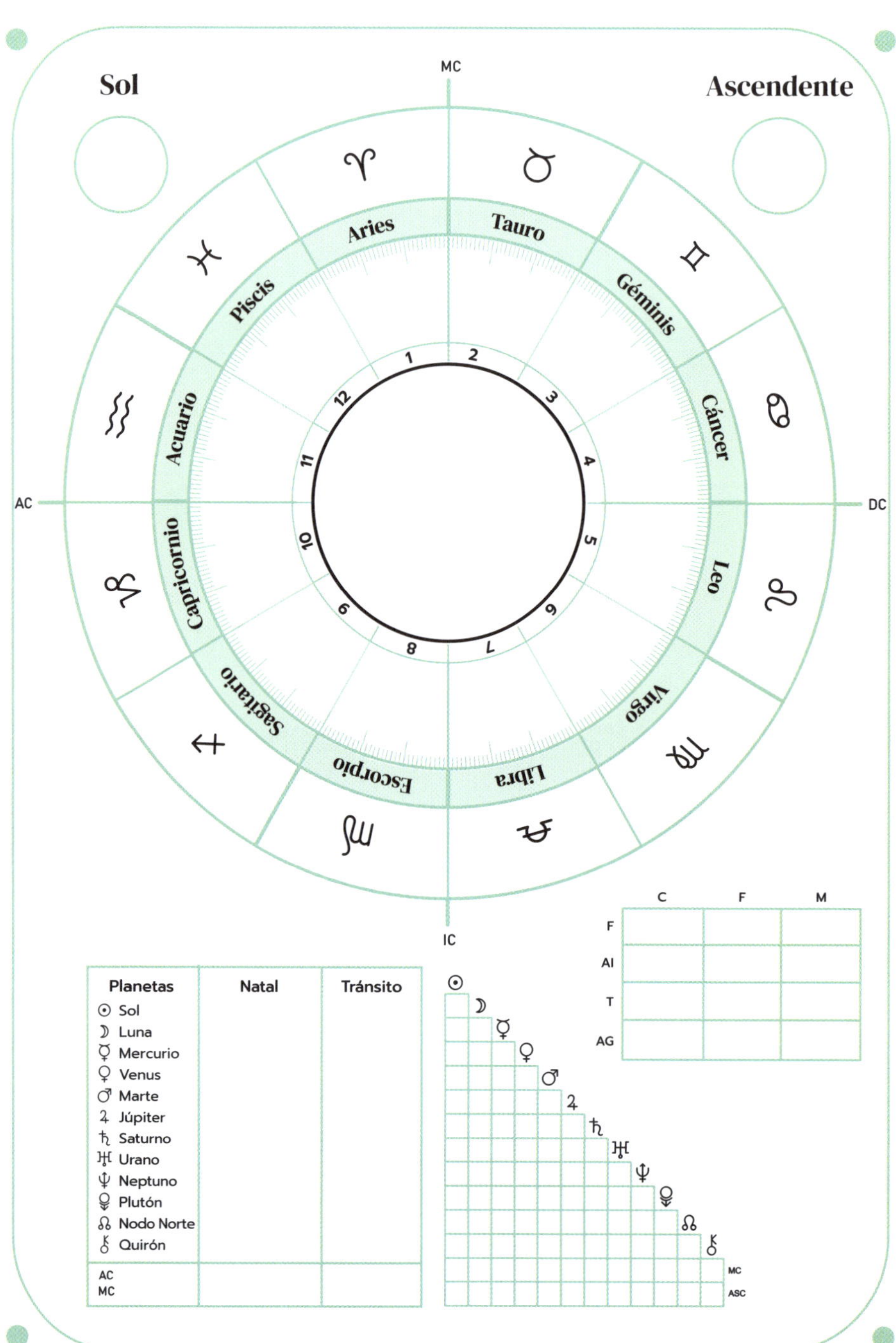

Tabla de interpretación

Paso	Fíjate en...	Es/Son	Interpretación
1	Modos débiles	☐ Cardinal ☐ Mutable ☐ Fijo	
	Modos predominantes	☐ Cardinal ☐ Mutable ☐ Fijo	
2	Elementos débiles	☐ Fuego ☐ Aire ☐ Tierra ☐ Agua	
	Elementos predominantes	☐ Fuego ☐ Aire ☐ Tierra ☐ Agua	
3	¿En qué cuadrante(s) de la carta hay más concentración de planetas?	☐ Cuadrante 1 ☐ Cuadrante 2 ☐ Cuadrante 3 ☐ Cuadrante 4	
4	¿En qué hemisferio(s) de la carta hay más concentración de planetas?	☐ Norte ☐ Sur ☐ Este ☐ Oeste	
5	¿Tienes algún patrón marcado?	☐ Abanico ☐ Locomotora ☐ Trípode ☐ Cuenco ☐ Embudo ☐ Columpio ☐ Salpicadura	

Tabla de interpretación

				8	9	10	
Paso	**Fíjate en...**		**Signo**	**Casa**	**Aspectos**	**Grados**	**Interpretación**
6	Analiza tu *big 3*	ASC					
		Sol					
		Luna					
	Los planetas personales	Mercurio					
		Venus					
		Marte					
7	Los planetas sociales	Júpiter					
		Saturno					
	Los planetas transper-sonales	Urano					
		Neptuno					
		Plutón					

Interpretación final

Carta de ____________

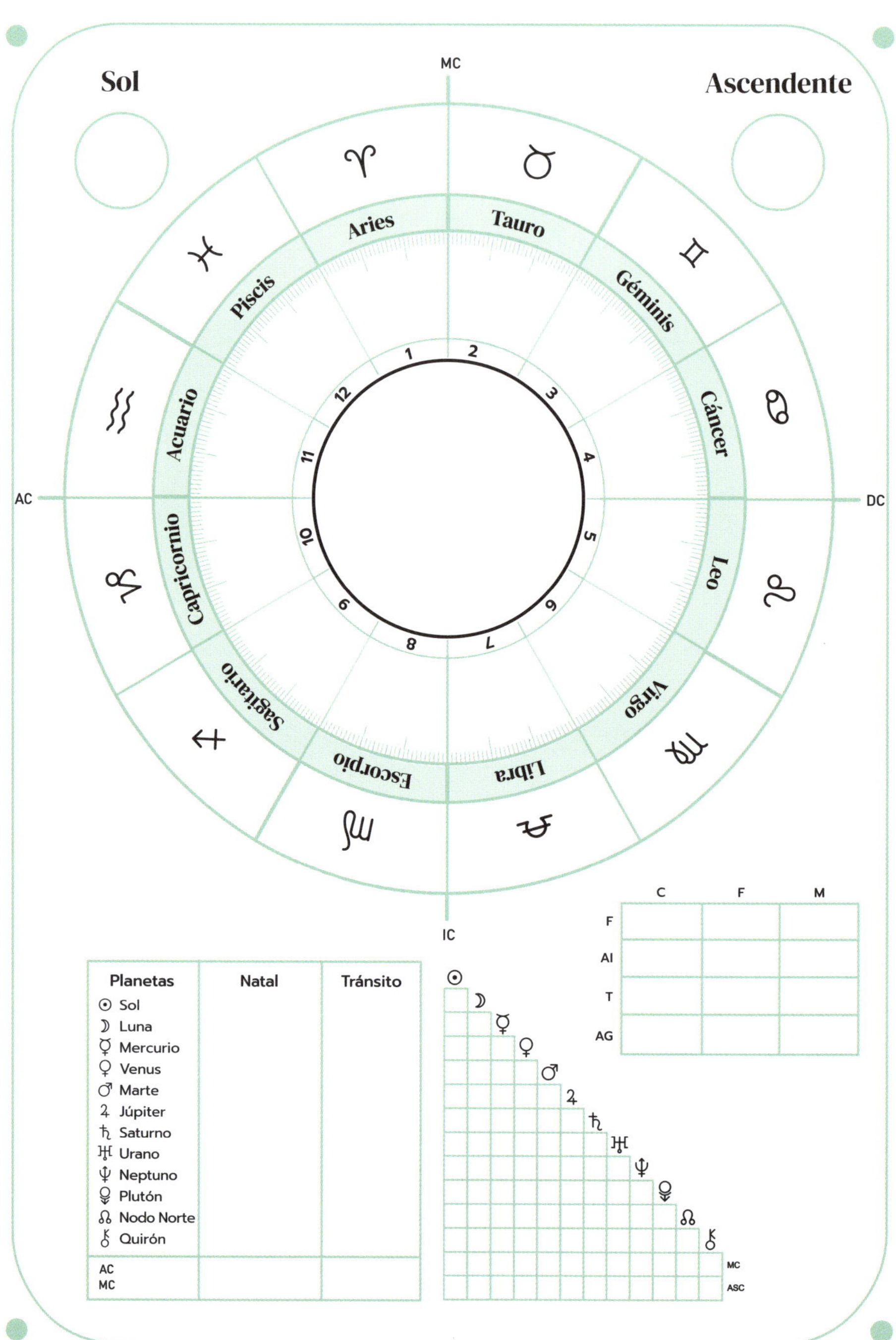

Tabla de interpretación

Paso	Fíjate en...	Es/Son	Interpretación
1	Modos débiles	☐ Cardinal ☐ Mutable ☐ Fijo	
	Modos predominantes	☐ Cardinal ☐ Mutable ☐ Fijo	
2	Elementos débiles	☐ Fuego ☐ Aire ☐ Tierra ☐ Agua	
	Elementos predominantes	☐ Fuego ☐ Aire ☐ Tierra ☐ Agua	
3	¿En qué cuadrante(s) de la carta hay más concentración de planetas?	☐ Cuadrante 1 ☐ Cuadrante 2 ☐ Cuadrante 3 ☐ Cuadrante 4	
4	¿En qué hemisferio(s) de la carta hay más concentración de planetas?	☐ Norte ☐ Sur ☐ Este ☐ Oeste	
5	¿Tienes algún patrón marcado?	☐ Abanico ☐ Locomotora ☐ Trípode ☐ Cuenco ☐ Embudo ☐ Columpio ☐ Salpicadura	

Tabla de interpretación

				8	9	10	
Paso	**Fíjate en...**		**Signo**	**Casa**	**Aspectos**	**Grados**	**Interpretación**
6	Analiza tu *big 3*	ASC					
		Sol					
		Luna					
	Los planetas personales	Mercurio					
		Venus					
		Marte					
7	Los planetas sociales	Júpiter					
		Saturno					
	Los planetas transper-sonales	Urano					
		Neptuno					
		Plutón					

Interpretación final

ANEXO 3

PLANTILLA DE TU REVOLUCIÓN SOLAR

Tu revolución solar

Pregunta	Respuesta		Interpretación
¿En qué signo tengo mi ascendente?	☐ Aries ☐ Tauro ☐ Géminis ☐ Cáncer ☐ Leo ☐ Virgo	☐ Libra ☐ Escorpio ☐ Sagitario ☐ Capricornio ☐ Acuario ☐ Piscis	
¿En qué signo tengo mi Luna?	☐ Aries ☐ Tauro ☐ Géminis ☐ Cáncer ☐ Leo ☐ Virgo	☐ Libra ☐ Escorpio ☐ Sagitario ☐ Capricornio ☐ Acuario ☐ Piscis	
¿En qué casa tengo mi Sol?	☐ Casa 1 ☐ Casa 2 ☐ Casa 3 ☐ Casa 4 ☐ Casa 5 ☐ Casa 6	☐ Casa 7 ☐ Casa 8 ☐ Casa 9 ☐ Casa 10 ☐ Casa 11 ☐ Casa 12	
¿Tengo planetas en mi casa 1?	☐ Sol ☐ Luna ☐ Mercurio ☐ Venus ☐ Marte	☐ Júpiter ☐ Saturno ☐ Urano ☐ Neptuno ☐ Plutón	
¿En qué casa tengo más de tres planetas?	☐ Casa 1 ☐ Casa 2 ☐ Casa 3 ☐ Casa 4 ☐ Casa 5 ☐ Casa 6 ☐ Casa 7	☐ Casa 8 ☐ Casa 9 ☐ Casa 10 ☐ Casa 11 ☐ Casa 12 ☐ Ninguna	

ANEXO 4

GLOSARIO ASTROLÓGICO

Aire: es uno de los cuatro elementos de la astrología junto con el fuego, la tierra y el agua. A esta categoría pertenecen los signos de Géminis, Libra y Acuario. Se caracterizan por ser intelectuales, creativas, observadoras, sociables e indecisas.

Acuario: es uno de los doce signos del Zodiaco. Será el Sol de las personas que hayan nacido entre el 20 de enero y el 18 de febrero. Son conocidas por ser personas excéntricas, originales, independientes e ingeniosas. En tu carta representa el ámbito en el que buscarás libertad de acción para explorar maneras no convencionales de hacer las cosas.

Agua: es uno de los cuatro elementos de la astrología junto con el fuego, la tierra y el aire. A esta categoría pertenecen los signos de Cáncer, Escorpio y Piscis. Se caracterizan por ser sensibles, intuitivas, empáticas e imaginativas.

Aries: es uno de los doce signos del Zodiaco. Será el Sol de las personas que hayan nacido entre el 21 de marzo y el 19 de abril. Son conocidas por ser personas impulsivas, ambiciosas, directas y enérgicas. En tu carta representará una parte de la vida en la que quieras tener control y liderar. Será un lugar que quieras conquistar y donde expreses la energía de manera impetuosa.

Ascendente: forma parte de las tres posiciones más importantes en tu carta natal, el *big 3*: tu Sol, Luna y Ascendente. Representa tu personalidad, cómo ves el mundo y cómo te percibe la gente.

Aspectos: relaciones angulares entre dos o más planetas, Ascendente y Medio Cielo en la esfera de tu carta natal. Son esas líneas de colores que vemos en el círculo interno. Nos indican cuál es la relación entre las energías de los planetas, armonizando partes de nuestra personalidad y generando tensión en otras.

Aspecto armónico: son los aspectos entre dos planetas que hablan de energía afín y fácil entre los planetas involucrados, es decir, cooperan entre sí de manera sencilla. Se incluyen los aspectos del trígono y el sextil.

Aspecto inarmónico: son los aspectos entre dos planetas que hablan de que va a ser más complicado que esos planetas trabajen de manera conjunta, uno de ellos teñirá al otro con su energía por defecto. En este sentido se necesitará trabajo para poder integrarlos. Se incluyen los aspectos de la cuadratura y la oposición.

Aspecto duro: son los tres aspectos más importantes que podemos encontrar en una carta: la conjunción, la oposición y la cuadratura. Siempre que los veamos los revisaremos, ya que son los más importantes, pues generan más tensión o modifican más las energías de los planetas involucrados.

Astrología determinista: corriente astrológica predominante antes de la Edad Media, en que se creía que la astrología determinaba el futuro de la persona, dejándola sin libre albedrío.

Astrología helenística: corriente astrológica que aúna todo el conocimiento de las culturas babilónica, egipcia y griega, y sienta las bases de la astrología tradicional y la lectura de las cartas astrales.

Astrología moderna: corriente astrológica no determinista. Es la más popular en Occidente actualmente, actualiza algunas de las enseñanzas de la astrología tradicional y está muy enfocada en el desarrollo personal, sobre todo en su corriente psicológica.

Big 3: «los tres grandes» en español, se refiere a tres posiciones superimportantes en tu carta: el Ascendente, el Sol y la Luna.

Bajo Cielo (IC): es un punto matemático en tu carta astral, que es justo el contrario al Medio Cielo, en la casa 4, y representa las raíces, la base de quién eres hoy y tu esencia, tu yo más íntimo. Nos puede hablar de cuál es tu refugio emocional.

Cáncer: es uno de los doce signos del Zodiaco. Será el Sol de las personas que hayan nacido entre el 21 de junio y el 20 de julio. Son conocidas por ser personas sensibles, detallistas, empáticas y tímidas. En tu carta representará un espacio vital en el que buscas seguridad emocional.

Caída (dignidad planetaria): cuando un planeta está en su caída, se encuentra en un signo del Zodiaco que no le resulta muy cómodo, ya que se halla débil respecto a la función del planeta, es decir, al planeta le cuesta realizar su función.

Capricornio: es uno de los doce signos del Zodiaco. Será el Sol de las personas que hayan nacido entre el 21 de diciembre y el 19 de enero. Son conocidos por ser individuos realistas, ambiciosos, prácticos, pero poco flexibles. En tu carta representará un espacio que necesita estructura y en el que tendrás más ambición.

Cardinal: es uno de los modos. Cuando es predominante en una carta nos indica que la persona orientada a la acción toma la iniciativa y es directa.

Carta astral o natal: mapa del cielo en el momento del nacimiento de una persona que nos habla del potencial que tiene, sus características… Fundamentalmente, una carta astral es un mapa de las posiciones del Sol, la Luna, los planetas, los puntos matemáticos y los asteroides en la eclíptica cogiendo como referencia el lugar de nacimiento de la persona en la Tierra y un momento específico: la fecha del nacimiento.

Casa astrológica: es uno de los elementos clave de la carta astral y en cada carta siempre hay doce casas. Cada una representa una temática relevante para nuestra vida: el yo, la familia, el dinero, la pareja…

Casas angulares: son las casas 1, 4, 7 y 10, que están asociadas con los signos cardinales considerados los más importantes, ya que influencian nuestra individualidad. También representan el presente. Estas son las casas más importantes cuando hacemos una primera lectura.

Casas cadentes: son las casas 3, 6, 9 y 12, que están relacionadas con los signos mutables. Muestran cómo nos adaptamos a los cambios y las transiciones a lo largo de nuestra vida.

Casas sucedentes: son las casas 2, 5, 8 y 10, que están asociadas con los signos fijos que se encargan de consolidar la energía cardinal.

Conjunción (aspecto): esto ocurre cuando dos o más planetas están en la misma posición a 0 grados aproximadamente el uno del otro. Es uno de los aspectos más fuertes, ya que intensifica el rol que estos planetas jugarán en la vida de la persona, y hace que siempre trabajen juntos o unan fuerzas, en especial cuando están a 0 grados exactamente.

Cuadratura (aspecto): es una relación tensa de dos planetas a 90 grados aproximadamente. Nos habla de dos energías que encuentran retos y restricciones para integrarse, pero que, una vez que se armonizan y la persona hace el trabajo, llevan a la madurez y la sabiduría. Se siente menos tenso que la oposición.

Cuadrante: es una manera de analizar el efecto en la persona de la dispersión de los planetas en su carta. Divide la carta en cuatro partes con base en los dos ejes Ascendente/Descendente y Medio Cielo/Bajo Cielo o Fondo del Cielo.

Cúspide de una casa: es la línea que inicia cada una de las casas astrológicas dentro de tu carta astral.

Dignidades planetarias: son la caída, la exaltación, el exilio y el domicilio de los planetas. Estas nos hacen la vida más fácil al interpretar la carta, porque nos permiten entender si un planeta puede hacer su función más fácil en un signo o no.

Descendente: es un punto matemático dentro de tu carta astral que se encuentra en la casa opuesta al Ascendente, la casa del otro, la 7. Representa las características que nos atraen de otras personas para relacionarnos con ellas en el largo plazo, como, por ejemplo, para crear una empresa o casarnos con esa persona.

Domicilio (dignidad planetaria): cuando un planeta está en su domicilio, se halla en el signo del Zodiaco que rige el planeta. Esto nos indica armonía, manifestaciones fuertes y oportunas.

Eclíptica: es el recorrido que hace el Sol alrededor de la Tierra, visto desde esta. La palabra proviene del latín y significa «línea».

Elementos: se pueden entender como la energía básica que conforma a la persona en su esencia. Los elementos son cuatro: fuego (F), aire (AI), tierra (T) y agua (AG).

Era de Acuario: este término se acuñó primero en los años sesenta y ahora se habla de nuevo de él porque Plutón ha entrado en Acuario viniendo de Capricornio. Esto es astrología de tránsitos, que analiza cómo se mueven los planetas sobre las cartas natales y, al ser un planeta transpersonal, los efectos se notan más bien a nivel social. Los astrólogos que hablan de este tema nos dicen que pasaremos de una época capricorniana, donde hemos estado más obsesionados con las apariencias, el estatus y conseguir dinero, a una era de cambios revolucionarios, ya que la última vez que estuvo en Acuario fue durante la Revolución francesa y la Revolución Industrial.

Escorpio: es uno de los doce signos del Zodiaco. Será el Sol de las personas que hayan nacido entre el 23 de octubre y el 22 de noviembre. Son conocidas por ser misteriosas, intuitivas e intensas. En tu carta representará un espacio donde se expresan transformaciones, intensidad y profundidad.

Exaltación (dignidad planetaria): cuando un planeta está en su exaltación, se encuentra en un signo del Zodiaco que le resulta muy cómodo, casi como su domicilio. Ahí el planeta ejerce mayor influencia.

Exilio (dignidad planetaria): cuando un planeta está en su exilio, se halla en un signo del Zodiaco que no le resulta muy cómodo. Se notará una influencia inarmónica, forzada y con posibles efectos negativos.

Fijo: es uno de los modos. Cuando es predominante en una carta nos indica que es una persona con ideales fijos, con gran fuerza de voluntad y testaruda.

Fuego: es uno de los cuatro elementos de la astrología junto con el agua, la tierra y el aire. A esta categoría pertenecen los signos de Aries, Leo y Sagitario. Se caracterizan por ser enérgicos, entusiastas y temperamentales.

Grados: son una manera de medir exactamente dónde se encuentra un planeta, un punto crítico o dónde empieza una casa. Estos 360 grados se dividen en doce grupos de 30 grados que abarcan cada signo del Zodiaco de tu carta.

Grado crítico: la energía de un planeta se intensifica cuando se encuentra en uno de estos grados. Hay un grado que afecta a todos los signos, el anarético, pero luego hay otros clave para ciertos signos, por ejemplo, el grado 0 lo es solo para Aries, Cáncer, Libra y Capricornio, los signos cardinales.

Grado anarético: para cualquier signo del Zodiaco es **el 29**, afecta a todos porque es el último grado de cada signo. Es importante destacar que no sirve que sea 28 y pico, tiene que ser 29 grados. Se dice que es un grado que habla del «destino», por lo que será un tema importante para esa persona. Quienes tienen este grado suelen sentir que esa área de su vida o temáticas son para ellos siempre más difíciles que para los demás. Este grado 29 nos habla de que puede que haya complicaciones, ya que la idea es que te conviertas en una maestra de este tema. Y con esas dificultades también hay gran potencial de éxito si integras esas enseñanzas y haces el trabajo.

Géminis: es uno de los doce signos del Zodiaco. Será el Sol de las personas que hayan nacido entre el 21 de mayo y el 20 de junio. Son conocidas por ser personas curiosas, sociables, que se adaptan fácilmente y cambiantes. En tu carta representará una parte de la vida donde necesitas libertad de movimiento, experimentar y vivir de maneras diferentes.

Hemisferio: es una forma de dividir la carta en cuatro grupos de seis casas desde diferentes puntos de vista. Este sistema es distinto a los cuadrantes, que abarcan cada uno tres casas.

Júpiter: es un planeta social que en tu carta astral representa al sabio, la filosofía de vida, pero también nos habla de un área de expansión, de prosperidad. De hecho, se suele relacionar con la suerte y los buenos augurios.

Leo: es uno de los doce signos del Zodiaco. Será el Sol de las personas que hayan nacido entre el 21 de julio y el 21 de agosto. Son conocidas por ser creativas, leales, carismáticas y arrogantes. En tu carta representará un espacio donde busques sentir orgullo y en el que necesitas validación externa.

Libra: es uno de los doce signos del Zodiaco. Será el Sol de las personas que hayan nacido entre el 23 de septiembre y el 22 de octubre. Son conocidas por ser idealistas, diplomáticas, cooperadoras e indecisas. En tu carta representará un espacio que en el busques cooperar, ayudar y donde sepas que es importante compartir.

Lilith: conocida como la «luna negra», representa el poder femenino escondido o el lado oculto de una persona, donde valoramos más la libertad.

Luminarias: es un grupo de planetas formado por el Sol (☉) y la Luna (☽), que son dos de los planetas más importantes que revisar cuando estamos viendo una carta astral.

Luna: es un planeta que pertenece al grupo de las luminarias que nos habla de nuestro mundo emocional, de nuestro inconsciente, nuestros instintos y lo que necesitamos para sentirnos seguros.

Marte: es un planeta personal que nos habla de cómo reaccionamos ante las situaciones, cuál es nuestro temperamento y también hace referencia a la pasión, el deseo y lo que nos atrae. Desde un punto de vista más literal también se vincula con la fuerza física y mental.

Mercurio: es un planeta personal que nos habla de la manera de pensar, por ejemplo, en Géminis nos indicará que es alguien que va a mil revoluciones. También habla de cómo te comunicas, cuál es tu estilo o qué temas te producen mucha curiosidad.

Medio Cielo (MC): es un punto matemático dentro de tu carta astral que se encuentra en la cúspide de la casa 10 y nos habla de tus aspiraciones, tu propósito en esta vida y cómo te conoce la gente, es decir, tu reputación.

Modo: es una de las cualidades que se asignan a los diferentes signos del Zodiaco, y se interpretan como características psicológicas. Son tres: cardinal, mutable y fijo.

Mutable: es uno de los modos. Cuando es predominante en una carta nos indica que la persona tiene gran capacidad de adaptabilidad, es pragmática e indecisa.

Neptuno: se considera el planeta de los sueños y la inspiración. También tiene mucho que ver con la espiritualidad y la intuición. Y en el lado negativo rige también la confusión, el engaño y está relacionado con las adicciones.

Nodo Norte: es un punto matemático en la carta astral que se usa para indicarnos qué lecciones debemos aprender o desarrollar en nuestra vida.

Nodo Sur: es un punto matemático en la carta astral que representa las características que te resultan más naturales, es lo que ya dominas y conoces.

Oposición (aspecto): es una relación tensa entre dos planetas que están a 180 grados aproximadamente, uno enfrente del otro. Nos habla de dos energías opuestas, que funcionan en detrimento la una de la otra y por ello hay que trabajar para integrarlas. Esto suele llevar al crecimiento personal. Este es el aspecto inarmónico más tenso.

Patrón: son maneras específicas en las que los planetas (no contamos los asteroides) pueden estar repartidos en la carta de una persona. Hay varios tipos: abanico, locomotora, trípode, cuenco, embudo, columpio y salpicadura.

Planetas astrológicos: son los diez planetas que aparecen en tu carta astral y difieren de los astronómicos que has estudiado en el colegio: Sol, Luna, Mercurio, Venus, Marte, Júpiter, Saturno, Urano, Neptuno y Plutón.

Planetas astronómicos: son los que usamos hoy en día en los estudios científicos y no incluyen el Sol, la Luna ni Plutón, pero sí la Tierra.

Planetas personales: son los planetas más cercanos a nosotros después de las luminarias: Mercurio (☿), Venus (♀) y Marte (♂). Son los que se mueven más rápido y por ello resultan los más importantes para la interpretación de la carta, ya que son bastante «personales» las posiciones en las que se encuentran, que varían mucho de persona a persona.

Planeta regente: es el planeta regente de tu ascendente. Por ejemplo, si eres géminis, tu planeta regente es Mercurio, y a este planeta lo tratarás con tanta importancia como si fuera de tu *big 3*.

Planeta retrógrado (Rx): si encuentras esto al lado de un planeta cuando sacas tu carta natal, significa que la energía de ese planeta hay que integrarla haciendo más trabajo de introspección, y en los primeros años de tu vida puede parecer que esa energía está «escondida» o tarda un poco más en salir a la luz.

Planetas sociales: son Júpiter (♃) y Saturno (♄). Son planetas cercanos a nosotros, pero se mueven algo más lento que los personales. Por ello, su interpretación va más allá de lo personal, con temas colectivos y factores motivacionales.

Planetas transpersonales: son Urano (♅), Neptuno (♆) y Plutón (⯓), los planetas más lejanos y que se mueven más lento, por ello coincidirán en el mismo signo para la misma generación y se interpretan más a este nivel cuando hablamos de los signos del Zodiaco. De hecho, nos fijamos más en las casas de estos planetas, ya que es un indicador más único para cada carta.

Plutón: rige todo lo que queda escondido y se lo conoce por ser el planeta de la transformación y el renacer. Representa los finales y los nuevos comienzos, pero también se relaciona mucho con la ambición y la obsesión.

Piscis: es uno de los doce signos del Zodiaco. Será el Sol de las personas que hayan nacido entre el 19 de febrero y el 20 de marzo. Son conocidas por ser sensibles, imaginativas, humildes y descuidadas. En tu carta representará un espacio donde tienes especial sensibilidad y creatividad, pero puede haber confusión para controlar ese aspecto.

Quirón: es un asteroide en tu carta astral que indica el área donde sentimos algo que nos limita, podemos llamarlo nuestro talón de Aquiles, pero justamente eso la hace ser un área donde hay mucho potencial de crecimiento y para brillar.

Revolución solar: es una técnica de predicción astrológica que «actualiza» la carta natal cada año, de tu cumpleaños al siguiente.

Regente de tu carta (planeta): es el planeta que rige tu signo ascendente y debe mirarse con mucho detalle, ya que cobra mayor importancia. Es fundamental comprobar el signo y la casa donde estará ese planeta.

Rueda (o punto) de la Fortuna: es un punto matemático en tu carta astral que indica, dependiendo de la casa y signo donde caiga, el área donde la persona puede encontrar éxito y prosperidad.

Sagitario: es uno de los doce signos del Zodiaco. Será el Sol de las personas que hayan nacido entre el 23 de noviembre y el 20 de diciembre. Son conocidas por ser aventureras, abiertas de mente, generosas y descuidadas. En tu carta representará un espacio en el que busques aprender y crecer.

Saturno: es un planeta social que te indica un área donde nos podemos encontrar con limitaciones, y nos pedirá más perseverancia para conseguir nuestros objetivos. También nos puede hablar de conflictos con la autoridad y de tener mucho sentido de la responsabilidad.

Sextil (aspecto): es una relación armónica de 60 grados aproximadamente entre planetas, nos habla de una relación energética en la que las energías fluyen con facilidad, pero hay que tener en cuenta que es más débil que el trígono.

Signo del Zodiaco: son las doce partes de 30 grados de la eclíptica y cada una representa una constelación.

Sol: es un planeta que pertenece al grupo de las luminarias que nos habla de la luz que irradiamos, nuestra vitalidad, nuestro potencial, es decir, lo que podremos llegar a ser si integramos las diferentes fuerzas de nuestra carta.

Stellium: este aspecto ocurre cuando tenemos tres o más planetas en un signo o casa. Esto nos indica en el caso de la casa, que es un área de la vida focal para esa persona, y en el del signo, que esa persona, aparte de su *big 3*, también poseerá mucha energía de ese otro signo.

Tauro: es uno de los doce signos del Zodiaco. Será el Sol de las personas que hayan nacido entre el 20 de abril y el 20 de mayo. Son conocidas por ser tranquilas, leales, tenaces y cabezonas. En tu carta representará una parte de la vida donde seas práctica y uses el sentido común.

Tierra: es uno de los cuatro elementos de la astrología junto con el fuego, el agua y el aire. A esta categoría pertenecen los signos de

Tauro, Virgo y Capricornio. Se caracterizan por ser prácticas, leales y tranquilas.

Trígono (aspecto): es la relación más armónica que puede haber, se da a 120 grados aproximadamente entre planetas, y nos habla de que esas energías trabajan juntas de manera muy fácil, la una al servicio de la otra. Sin embargo, si vemos una carta con muchos trígonos esto nos puede hablar de una persona a la que le suelen salir bien las cosas sin poner mucho esfuerzo, por lo que puede verse como conformista o perezosa.

Urano: es un planeta transpersonal que nos habla de cambios, pero con un enfoque diferente, con vistas a lo nuevo o lo distinto, con un toque rebelde. Se asocia con la innovación y el progreso, pero también con la irresponsabilidad y la rebeldía sin causa.

Venus: es un planeta personal que representa las maneras en las que nos conectamos con otros, cómo expresamos nuestro amor, nuestros gustos y también la energía que atraemos. Hay veces que se confunde con la Luna, pero pensemos que Venus cubre un nivel un poco más superficial y trata también de las relaciones con el otro.

Virgo: es uno de los doce signos del Zodiaco. Será el Sol de las personas que hayan nacido entre el 22 de agosto y el 22 de septiembre. Son conocidas por estar siempre dispuestas a ayudar, ser analíticas, sociables y perfeccionistas. En tu carta representará un espacio donde tienes dificultad para ser espontánea y en el que suele estar presente la búsqueda de la perfección.

ANEXO 5

SET DE CARTAS RECORDATORIO

Aquí tienes el set de cartas para ayudarte a interpretar tu carta astral de manera más rápida y sencilla. Como verás, se incluyen los tres conceptos clave de la carta (aunque ya sabemos que hay más elementos): los signos del Zodiaco, los planetas y las casas astrológicas.

Recórtalas por la línea y así podrás usarlas mientras lees el libro o llevarlas contigo en el bolso si quieres ayudar a una amiga a emprender este viaje de autoconocimiento con la astrología.

C
ELEMENTO
MODO
Fuego
Cardinal

F
ELEMENTO
MODO
Tierra
Fijo

M
ELEMENTO
MODO
Aire
Mutable

C
ELEMENTO
MODO
Agua
Cardinal

F
ELEMENTO
MODO
Fuego
Fijo

C
ELEMENTO
MODO
Aire
Cardinal

M
ELEMENTO
MODO
Fuego
Mutable

F
ELEMENTO
MODO
Aire
Fijo

ELEMENTO
MODO
M
Tierra
Mutable

ELEMENTO
MODO
F
Agua
Fijo

ELEMENTO
MODO
C
Tierra
Cardinal

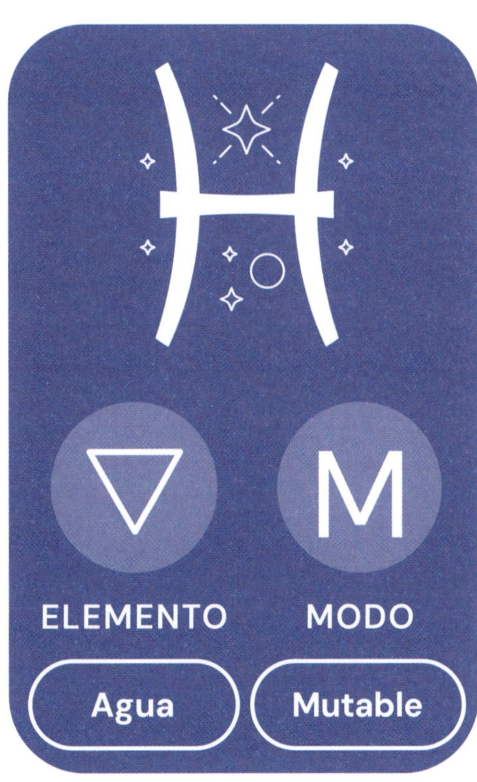
ELEMENTO
MODO
M
Agua
Mutable

CARTA DE

Planetas luminarias

Sol
Vitalidad
Potencial

Luna
Emociones
Intimidad

CARTA DE

Planetas personales

Venus
Afecto
Estética

Marte
Impulso
Atracción

Mercurio
Comunicación
Pensamiento

CARTA DE

Planetas sociales

Júpiter
Expansión
Sabiduría

Saturno
Responsabilidad
Limitación

CARTA DE

Planetas transpersonales

Urano
Innovación
Progreso

Neptuno
Espiritualidad
Creatividad

Plutón
Transformación
Poder

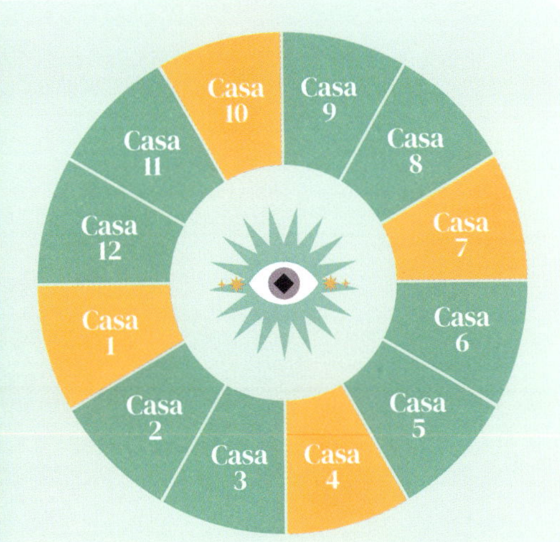

Casas sucedentes

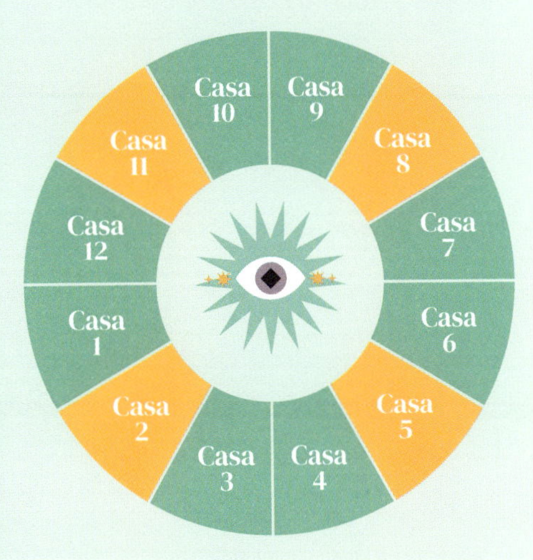

Casas cadentes

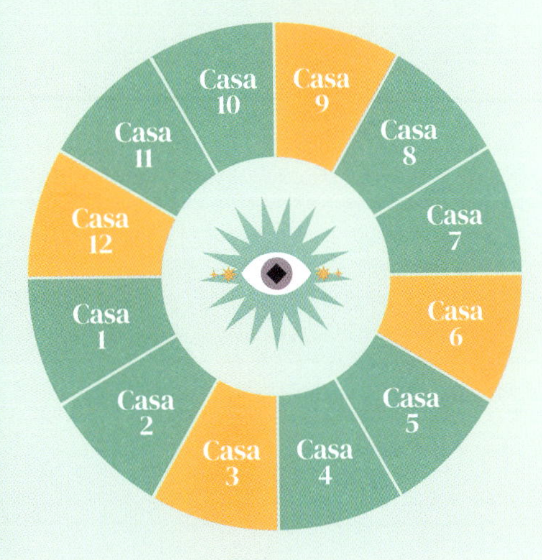

ANEXO 6

BIBLIOGRAFÍA Y LIBROS PARA IR MÀS ALLÀ

LIBROS

Arroyo, Stephen, *Astrología, karma y transformación*, Madrid, Kier, 2006.

— *Manual de interpretación de la carta natal, Valencia, Gaia, 2023.*

Dumón, Eloy R., *Manual de astrología moderna*, Madrid, Kier, 2004.

Fish, Richard y Ryan Kurzczak, *The Art and Science of Vedic Astrology: The Foundation Course*, CreateSpace Independent Publishing Platform, 2012.

Marks, Tracy, *The Art of Chart Interpretation: A Step-by-Step Method for Analyzing, Synthesizing, and Understanding the Birth Chart*, Ibis Press, 2008.

McCarthy, Juliana, *Somos estrellas: Una guía moderna de astrología, Badalona, Koan, 2019.*

Obert, Charles, *Using Dignities in Astrology*, Almuten Press, 2018.

— *The Cycle of the Year: Traditional Predictive Astrology*, Almuten Press, 2018.

Parker, Julia y Derek Parker, *Parkers' Astrology: The Definitive Guide to Using Astrology in Every Aspect of Your Life*, DK, 2020.

Sasportas, Howard, *Las doce casas: Introducción al significado de las casas en la interpretación astrológica*, Barcelona, Urano, 1987.

Sosa, Carolina Susana, *Cómo aprender a leer tu propia carta de revolución solar, Barcelona, Obelisco*, 2023.

PÓDCAST

- *Old Soul/New Soul Astrology with Robert Glasscock.*
- *Fun Astrology with Thomas Miller.*
- *The Astrology Podcast.*
- *Astronda Psicólogica.*
- *Mia Astral.*

AGRADECIMIENTOS

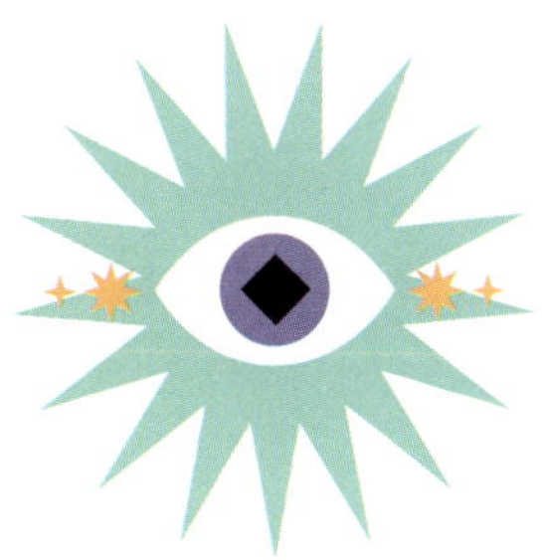

Mi abuelo Pablo solía decirme que yo hacía «brujerías» desde pequeña, porque siempre pensó que la tecnología era como magia, y es que algo de razón tenía; de hecho, si me viera ahora igual habría que admitir que estaba en lo cierto, y espero que le gustara. Primero quiero dedicárselo a él y a mi abuela, que ya no están conmigo, pero los llevo siempre en mi corazón y en mi Google Fotos.

Obviamente, gracias a Ariane, mi editora; no estaría escribiendo esto si no fuera por ti. Mil gracias por darme una oportunidad sin conocerme y acompañarme con tus consejos por este camino, ha sido increíble y ojalá podamos trabajar más juntas.

Y también a mi cómplice, Juan, que, a pesar de no ser su tema favorito, como buen libra siempre me ha apoyado en todo y con su mente de signo ascendente Sagitario sociólogo-historiador, me ayudó a investigar toda la historia de las ideas de la astrología. Gracias por aguantar miles de preguntas y mis charlas astrológicas.

No puede faltar mi familia, mi hermana, mi madre, mi padre, mis abuelos y las amigas como Nieves, Ana, Rita y muchas más, que me han animado con cada pasito que daba, comprando la primera edición del libro, las agendas, los cuadernos e impulsándome a seguir con mi canal de TikTok.